BERLITZ®

Europe de l'Est

GUIDE DE CONVERSATION

Les 12 langues-clés de l'Europe de l'Est

Albanie, Biélorussie, Bulgarie, Croatie, Estonie, Hongrie, Lettonie, Lituanie, Pologne, Roumanie, Russie, Serbie, Slovaquie, Slovénie, République tchèque, Ukraine

L'essentiel en un coup d'œil

Ce guide de conversation est destiné à fournir les expressions essentielles dont vous aurez besoin pour voyager en Europe de l'Est.

- **Les marges de couleur** vous permettront de situer rapidement la langue voulue.

- Chaque langue est divisée en **thèmes**. La liste ci-dessous vous aidera à vous repérer facilement.

Expressions courantes	Magasins et services, y compris banque, poste, téléphone
Hôtel–Logement	Heures, date et chiffres
Restaurant	Urgences
Excursions	Guide de prononciation
Visites touristiques	

- Chaque expression est accompagnée de sa translittération. Il suffit simplement de lire cette imitation de prononciation comme si c'était du français, en mettant l'accent sur les syllabes en caractères gras. Pour plus d'informations, reportez-vous au **Guide de prononciation** à la fin de chaque section.

- Sous le thème **Restaurant,** une sélection de plats traditionnels est présentée en ordre alphabétique, chacun étant suivi d'une brève description, ceci pour vous permettre d'identifier les plats offerts sur la carte.

- Tout au long de ce manuelle, ce symbole ☞ vous signalera les phrases toutes faites que pourrait utiliser votre interlocuteur. Si vous ne le comprenez pas, demandez-lui de vous montrer la phrase.

Note: Lorsque la langue varie en fonction du genre, des parenthèses ( ) indiquent la forme qui doit être employée si la personne *qui parle* est du genre féminin; des crochets [ ] indiquent l'expression correcte dans le cas où la personne *à qui l'on parle* est du genre féminin.

1ère impression 1996 Imprimé en Espagne

Albanais

Expressions courantes *Shprehje bazë*

Oui/Non.	**Po/Jo.**	po/jo
S'il vous plaît.	**Të lutem.**	teu **lu**tem
Merci.	**Faleminderit.**	falemin**de**rit
Pardon?	**Më falni?**	meu **fal**ni

Présentations *Prezantime*

Bonjour (matin).	**Mirëmëngjes.**	mirmeun**j'es**
Bonjour (après-midi).	**Mirëdita.**	mir**di**ta
Bonne nuit.	**Natën e mirë.**	**na**teun e mir
Au revoir.	**Mirupafshim.**	miru**paf**chim
Je m'appelle …	**Unë quhem …**	un **tchyu**hem
Comment vous appelez-vous?	**Si ju quajnë?**	si yu **tchyu**ayn
Comment allez-vous?	**Si jeni?**	si **ye**ni
Très bien, merci. Et vous?	**Mirë faleminderit. Po ju?**	mir falemin**de**rit. po yu
D'où êtes-vous?	**Nga vini?**	nga **vi**ni
Je viens de la/du …	**Unë jam nga …**	un yam nga
Belgique	**Belgjika**	bel**j'i**ka
Canada	**Kanadaja**	kand**da**ya
France	**Franca**	**fran**tsa
Suisse	**Zvicra**	**zvits**ra
Je suis avec …	**Jam me …**	jam me
femme	**gruan time**	**gru**an **ti**me
mari	**burrin tim**	**bu**rin tim
famille	**familjen time**	fa**mil**jen **ti**me
ami	**të dashurin tim**	teu **da**churin tim
amie	**të dashurën time**	teu **da**chureun **ti**me
Je suis seul(e).	**Jam vetëm.**	yam **ve**teum
Je suis en vacances.	**Jam me pushime.**	yam me pu**chi**me

Questions *Pyetje*

Quand?/Comment?	**Kur?/Si?**	kur/si
Quoi?/Pourquoi?	**Çfarë?/Pse?**	tchfar/pse
Qui?/Lequel?	**Kush?/Cili?**	kuch/**tsi**li
Où se trouve/ent …?	**Ku është/janë …?**	ku eucht/yan
Où puis-je trouver …?	**Ku mund të marr/gjej …?**	ku mund teu mar'/j'ej
À quelle distance?	**Sa larg?**	sa larg
Combien de temps?	**Për sa kohë?**	peur sa koh
Combien?	**Sa?**	sa
Pouvez-vous m'aider?	**Mund të më ndihmoni?**	mund teu meu ndih**mo**ni
Je comprends.	**E kuptoj.**	e kup**toy**
Je ne comprends pas.	**Nuk kuptoj.**	nuk kup**toy**
Pouvez-vous me traduire ceci?	**Mund të ma përktheni këtë ?**	mund teu ma peurk**t'e**ni **keu**teu
Puis-je …?	**Mund të …**	mund teu
Puis-je avoir …?	**Mund të marr …?**	mund teu mar'
Parlez-vous français?	**Flisni franceze?**	**flis**ni fran**tse**ze
Je ne parle pas (bien) albanais.	**Nuk flas (shumë) shqip.**	nuk flas chum chtchyip

Autres mots utiles *Disa fjalë të përdorshme*

bon/mauvais	**i mirë/i keq**	i mir/i ketchy
bon marché/ cher	**i lirë/ i kushtueshëm**	i lir/ i kuch**tue**cheum
chaud/froid	**i nxehtë/i ftohtë**	i ndzeht/i ftoht
grand/petit	**i madh/i vogël**	i mad'/i **vo**geul
juste/faux	**në rregull/gabim**	neu **r'**egul'/ga**bim**
libre/occupé	**i lirë /i zënë**	i lir/i zeun
meilleur/ pire	**më i mirë/ më i keq**	meu i mir/ meu i ketchy
près/loin	**afër/larg**	**a**feur/larg
tôt/tard	**shpejt/vonë**	chpeyt/von

Hôtel *Hotel*

J'ai fait réserver.	**Kam një rezervim.**	kam gneu rezer**vim**
Avez-vous des chambres disponibles?	**Keni ndonjë vend bosh?**	**ke**ni **ndo**gneu vend boch
Je voudrais une chambre …	**Dua një dhomë …**	dua gneu d'om
pour une personne	**teke**	**te**ke
pour deux personnes	**çift**	tchift
avec des lits jumeaux	**me dy krevate teke**	me dû kre**va**te **te**ke
avec un grand lit	**me një krevat dopjo**	me gneu kre**vat do**pio
avec salle de bains/ douche	**me vaskë/dush**	me vask/duch
Nous resterons …	**Ne do të qëndrojmë …**	ne do teu tchyeun**drojm**
une nuit seulement	**vetëm një natë**	**ve**teum gneu nat
quelques jours	**disa ditë**	di**sa** dit

Décision *Vendim*

Puis-je voir la chambre?	**A mund t'a shoh dhomën?**	a mund ta choh **d'o**meun
D'accord. Je la prends.	**Shumë e mirë. Do t'a marr.**	chum e mir. do ta mar'
Non, elle ne me plaît pas.	**Jo. Nuk më pëlqen.**	jo. nuk meu peul**tchyen**
Elle est trop…	**Është tepër …**	eucht **te**peur
petite/sombre	**e vogël/e errët**	e **vo**geul/e **er**'eut
Avez-vous quelque chose de …?	**A keni ndonjë …?**	a **ke**ni **ndo**gneu
moins cher	**më të lirë**	meu teu lir
plus grand	**më të madhe**	meu teu **ma**d'e
Puis-je avoir ma note, s'il vous plaît?	**A mund të më jepni faturën?**	a mund teu meu **yep**ni fa**tu**reun
Le séjour a été très agréable.	**Ishte një qëndrim shumë i këndshëm**	**ich**te gneu tchyeun**drim** chum i **keund**cheum

JOURS DE LA SEMAINE, voir page 15

Restaurant *Në restorant*

Je voudrais réserver une table pour 4 personnes.	**Dua të rezervoj një tavolinë për katër vetë.**	dua teu rezer**voj** gneu tavo**lin** peur **ka**teur vet
Nous viendrons à 8 heures.	**Do të vimë në orën tetë.**	do teu **vi**meu neu **o**reun tet
Je voudrais le petit déjeuner/le déjeuner/ le dîner.	**Dua të ha mëngjes/drekë/ darkë.**	**du**a teu ha meun**j'es**/drek/ dark
Que me recom-mandez-vous?	**Çfare më rekomandoni?**	tchfar meu rekoman**do**ni
Avez-vous des plats végétariens?	**A keni gjellë vegjetariane?**	a **ke**ni j'el' vej'eta**ria**ne

Petit déjeuner *Mëngjes*

Pourrais-je avoir…?	**Dua një …**	**du**a gneu
beurre/confiture	**gjalpë/reçel**	j'alp/re**tchel**
fromage/jambon	**djathë/proshutë**	dyat'/pro**chut**
œuf	**vezë**	vez
pain/petits pains	**bukë/panine**	buk/pa**ni**ne
sucre	**sheger**	che**ger**

Hors-d'œuvre *Pjatë e parë*

byrek me djathë	**bû**rek me dyat'	tourte au fromage
djathë i fërguar	dyat' i feur**gu**ar	fromage frit
supë barishte	sup ba**rich**te	soupe aux légumes
supë magjericë	sup maj'**erits**	soupe aux abattis de volaille
tarator	tara**tor**	salade au yaourt
ullij të mbushur	**ul'iy** teu **mbu**chur	olives farcies

au four/bouilli	**e pjekur/e zjerë**	e **pye**kur/e zyer
frit/grillé	**e skuqur/e skarës**	e **sku**tchyur/e **ska**reus
rôti	**e pjekur**	e **pye**kur
saignant	**e pabërë**	e pa**beu**ren
à point	**e mesme**	e **mes**me
bien cuit	**e pjekur tamam**	e **pye**kur **ta**man

CHIFFRES, voir page 16

Viande *Mish*

Je voudrais …	**Dua …**	**du**a
agneau	**mish qengji**	mich **tchyen**j'i
bœuf/canard	**mish lope/rika**	mich **lo**pe/**ri**ka
porc/poulet	**mish derri/pula**	mich **der**'i/**pu**la
veau	**viçi**	**vi**tchi
çomlek me qepë	tchom**lek** me tchyep	veau aux oignons
japrakë me mish	yap**rak** me mich	feuilles de vigne farcies de viande et de riz
qofte	**tchyof**te	boulettes de viande
tasqebap	tas-tchye**bap**	brochettes
tavë Elbasani	tav elba**sa**ni	ragoût d'agneau au yaourt

Poissons et fruits de mer *Peshk dhe prodhime deti*

fileto peshku	fi**le**to **pech**ku	filet de poisson
karkaleca të zier	karka**le**tsa teu **zi**er	crevettes cuites au court-bouillon
koce e zgarës	**ko**tse e **zga**reus	carrelet grillé
ngjalë e skuqur	nj'al e **sku**tchyur	anguilles frites
peshk i pjekur	pechk i **pye**kur	poisson au four
tavë me peshk	tav me pechk	poisson à la cocotte

Légumes *Perime*

champignon	**këpurdhë**	keu**purd'**
chou	**lakër**	**la**keur
haricots verts	**fasule**	fa**su**le
oignon	**qepë**	tchyep
poireaux	**presh**	prech
pommes de terre	**patate**	pa**ta**te
tomate	**domate**	do**ma**te
lakër e mbushur	**lah**ker eh **mboo**shoor	chou farci
patëllxhane të mbushura	pahterll**jah**neh ter **mboo**shoorah	aubergines farcies
spinaq me vezë e qumësht	spi**natchy** me ves e **tchyu**meucht	épinards aux œufs et au lait

Fruits et desserts *Fruta dhe ëmbëlsira*

banane	**banane**	ba**na**ne
citron	**limon**	li**mon**
fraises	**luleshtrydhe**	lule**chtrû**d'e
orange	**portokall**	porto**kal'**
pomme	**mollë**	mol'
prune	**kumbull**	**kum**bul'
akullore	aku**l'o**re	glace
sheqerpare	chetchyer**pa**re	gâteau au sirop
shëndetlie	cheundet**lie**	gâteau au miel
sultiash	sul**tyach**	riz au lait

Boissons *Pije*

bière	**birrë**	bir'
café	**kafe**	**ka**fe
au lait	**me qumësht**	me **tchyu**meucht
noir	**pa qumësht**	pa **tchyu**meucht
chocolat (chaud)	**kakao**	ka**ka**o
eau minérale	**ujë mineral**	uy mine**ral**
jus de fruits	**lëng frutash**	leung **fru**tach
thé	**çaj**	tchaj
vin	**verë**	ver
blanc/rouge	**e bardhë/e kuqe**	e bard'/e **ku**tchye

Réclamations et l'addition *Ankime dhe pagesa*

C'est trop … amer/sucré	**Kjo është tepër … e hidhur/e ëmbël**	kjo euscht **te**peur e **hid**'ur/e **eum**beul
Ce n'est pas ce que j'ai commandé.	**Unë nuk porosita këtë.**	un nuk poro**si**ta **keu**teu
L'addition, s.v.p.	**Dua të paguaj.**	**du**a teu pa**gu**ay
Je crois qu'il y a une erreur dans l'addition.	**Mendoj se keni bërë një gabim në faturë.**	men**doy** se **ke**ni **beu**reu gneu **ga**bim neu fa**tur**
C'était très bon, merci.	**U kënaqëm, faleminderit.**	u keu**na**tchyeum falemin**de**rit

CHIFFRES, voir page 16

Excursions *Në udhëtim*

Avion *Avion*

Y a-t-il un vol pour Shkoder?	**A ka avion për në Shkodër?**	a ka a**vion** peur neu **chko**deur
À quelle heure est l'enregistrement?	**Kur duhet të paraqitem?**	kur **du**het teu para**tchyi**item
Je voudrais … ma réservation.	**Dua të … rezervimin.**	**du**a teu … rezer**vi**min
annuler/changer	**anulloj/ndryshoj**	anu**l'oy/ndrû**choy
confirmer	**konfirmoj**	konfir**moy**

Train *Tren*

Je voudrais un billet pour Durrës.	**Dua një biletë për në Durrës.**	**du**a gneu bi**let** peur neu **dur**'eus
aller simple	**vajtje**	**vay**tye
aller-retour	**vajtje-ardhje**	**vay**tye **ard'**ye
première classe	**klasi i parë**	**kla**si i par
deuxième classe	**klasi i dytë**	**kla**si i dût
Combien de temps dure le trajet?	**Sa zgjat udhëtimi?**	sa zj'at ud'eu**ti**mi
Quand part le … train pour Vlora?	**Kur ka tren … për në Vlorë?**	kur ka tren … peur neu vlor
premier/prochain	**i pari/tjetri**	i **pari/tye**tri
dernier	**i fundit**	i **fun**dit
C'est bien le train pour Durrës, n'est-ce pas?	**A është ky treni për në Durrës?**	a eucht kû **tre**ni peur neu **dur**'eus

Bus *Autobuz*

Quel bus va au centre-ville?	**Çfarë autobuzi duhet të marr për në qendër?**	tchfar auto**bu**zi **du**het teu mar' peur neu **tchyen**deur
Quel est le prix du trajet jusqu'à …?	**Sa bën bileta për në …?**	sa beun bi**le**ta peur neu
Pourriez-vous me dire quand je dois descendre?	**A mund të më thoni kur duhet të zbres?**	a mund teu meu **t'o**ni kur **du**het teu zbres

HEURES, voir page 15

Taxi *Taksi*

Quel est le tarif pour …?	**Sa bën deri në …**	sa beun **de**ri neu
Conduisez-moi à cette adresse.	**Më ço në këtë adresë.**	meu tcho neu **keu**teu ad**res**
Arrêtez-vous ici, s'il vous plaît.	**Të lutem më ndalo këtu.**	teu **lu**tem meu nda**lo** **keu**tu

Location de voitures *Makinë me qera*

Je voudrais louer une voiture.	**Dua të marr një makinë me qera.**	**du**a teu mar' gneu ma**kin** me tchye**ra**
Je la voudrais pour un jour/une semaine.	**E dua për një ditë/për një javë.**	e **du**a peur gneu dit/peur gneu yav
Où est la station-service la plus proche?	**Ku është stacioni më i afërt i karburantit?**	ku eucht stat**sio**ni meu i **a**feurt i karbu**ran**tit
Le plein, s'il vous plaît.	**Serbatorin plot, të lutem.**	serba**to**rin plot teu **lu**tem
Donnez-moi … litres d'essence.	**Mund të më jepni … litra benzinë**	mund teu meu **yep**ni … **lit**ra **ben**zin
Pour aller à …?	**Si mund të shkoj në?**	si mund teu chkoy neu
Je suis tombé en panne à …	**Pata një avari në …**	**pa**ta gneu ava**ri** neu
Pouvez-vous envoyer un mécanicien?	**A mund të më dërgoni një mekanik?**	a mund teu meu deur**go**ni gneu meka**nik**
Pourriez-vous réparer ce pneu?	**A mund t'i vini një pullë kësaj gomës.**	a mund ti **vi**ni gneu pul' keu**say** **go**meus

☞ Vous êtes sur la mauvaise route.	**Keni ngatërruar rrugën.** ☜
Allez tout droit.	**Ec drejt.**
C'est là-bas à …	**Është pak më poshtë në të …**
gauche/droite	**në të majtë/në të djathtë**
en face de/derrière …	**përballë/prapa …**
à côté de/au-delà de …	**ngjitur/pas …**
nord/sud/est/ouest	**veri/jug/lindje/perëndim**

CHIFFRES, voir page 16

Visites touristiques *Shëtitje*

Où se trouve le syndicat d'initiative?	**Ku është zyra turistike?**	ku eucht **zû**ra turis**ti**ke
Y a-t-il un guide qui parle français?	**A ka ndonjë guid franceze folës?**	a ka **ndo**gneu gu**id** fran**tse**ze **fo**leus
Où se trouve/ent …?	**Ku është/janë …?**	ku eucht/jan
cathédrale	**katedralja**	kate**dral**ya
centre (de la ville)	**qendra e qytetit**	**tchyen**dra e tchyû**te**tit
château	**kështjella**	keuch**tye**l'a
jardin zoologique	**kopështi zoologjik**	**ko**peuchti zoolo**j'ik**
marché	**pazari**	pa**za**ri
musée	**muzeumi**	muze**u**mi
plage	**plazhi**	**pla**ji
port	**porti**	**por**ti
À quelle heure ouvre/ferme-t-il/elle?	**Kur hapet/ mbyllet?**	kur **ha**pet **mbû**l'et
Combien coûte l'entrée?	**Sa është bileta e hyrjes?**	sa eucht bi**le**ta e **hûr**yes

Divertissements *Argëtim*

Que joue-t-on au théâtre?	**Çfarë shfaqje ka sot në teater?**	tchfar **chfa**tchye ka sot neu **tea**ter
Combien coûtent les places?	**Sa kushtojnë biletat?**	sa kuch**toyn** bi**le**tat
Voulez-vous sortir avec moi ce soir?	**A doni të vini me mua sonte?**	a **do**ni teu **vi**ni me **mu**a **son**te
Y a-t-il une discothèque en ville?	**A ka ndonjë diskotekë në qytet?**	a ka **ndo**gneu disko**tek** neu tchyû**tet**
Voulez-vous danser?	**A doni të vallzoni?**	a **do**ni teu val'**zo**ni
Merci, j'ai passé une merveilleuse soirée.	**Faleminderit. Ishte nje mbremje e mrekullueshme.**	falemin**de**rit. **ich**te gneu **mbreu**mye e mrekul**'u**echme

HEURES, voir page 15

Magasins et services *Dyqanet dhe shërbimet*

Où est … le/la plus proche?	**Ku është … më i afërt?**	ku eucht … meu i **a**feurt
boucherie	**dyqani i mishit**	dû**tchya**ni i **mi**chit
boulangerie	**dyqani i bukës**	dû**tchya**ni i **bu**keus
bureau de poste	**posta**	**pos**ta
dentiste	**dentisti**	den**tis**ti
épicierie	**ushqimorja**	uchtchyi**mor**ja
grand magasin	**mapo**	**ma**po
librairie	**libraria**	libra**ri**a
magasin de souvenirs	**dyqani i dhuratave**	dû**tchya**ni i d'u**ra**tave
marchand de journaux	**dyqan gazetash**	dû**tchyan** ga**ze**tach
pharmacie	**farmacia**	farma**tsi**a
supermarché	**supertregu**	super**tre**gu

Expressions générales *Shprehje të përgjithëshme*

Où se trouve le quartier commerçant?	**Ku janë dyqanet?**	ku yan dû**tchya**net
Avez-vous …?	**A keni …?**	a **ke**ni
N'auriez-vous pas quelque chose de …?	**A keni ndonjë gjë …?**	a **ke**ni **ndo**gneu j'eu
mieux	**më të mirë**	meu teu mir
moins cher	**më të lirë**	meu teu lir
plus grand	**më të madhe**	meu teu **ma**d'e
plus petit	**më të vogël**	meu teu **vo**geul
Puis-je l'essayer?	**A mund t'a provoj?**	a mund ta pro**voy**
Combien coûte ceci?	**Sa kushton kjo?**	sa kuch**ton** kyo
Pourriez-vous l'écrire, s'il vous plaît?	**Të lutem m'a shkruaj.**	teu **lu**tem ma **chkru**ay
Non, cela ne me plaît pas.	**Jo, nuk më pëlqen.**	yo nuk meu peul**tchyen**
Je le prends.	**Do ta marr.**	do ta mar'
Acceptez-vous les cartes de crédit?	**A pranoni karta krediti?**	a pra**no**ni **kar**ta kre**di**ti

CHIFFRES, voir page 16

blanc	**e bardhë**	e bard'	noir	**e zezë**	e **zezeu**
bleu	**blu**	blu	orange	**portokalli**	portoka**l'i**
brun	**kafe**	**ka**fe	rouge	**e kuqe**	e **ku**tchye
jaune	**e verdhë**	e verd'	vert	**jeshile**	ye**chi**le

Je voudrais acheter …	**Dua te blej …**	**du**a teu bley
aspirine	**aspirinë**	aspi**rin**
crème solaire	**krem plazhi**	krem **pla**ji
dentifrice	**pastë dhëmbësh**	past **d'eum**beusch
journal	**gazetë**	ga**zet**
français	**franceze**	fran**tse**ze
canadien	**kanadiene**	kanadi**e**ne
piles	**bateri**	bate**ri**
savon	**sapun**	sa**pun**
shampooing	**shampo**	**cham**po
un demi-kilo de pommes	**gjysmë kile mollë**	**j'û**smeu **ki**le mol'
un litre de lait	**një litër qumësht**	gneu **li**teur **tchyu**meucht
Je voudrais une pellicule … pour cet appareil.	**Do të doja … një film për këtë aparat.**	do teu **do**ya gneu film peur **keu**teu apa**rat**
en noir et blanc	**bardhë e zi**	bard' e zi
en couleurs	**me ngjyra**	me **nj'û**ra

Souvenirs *Dhurata*

bucele druri	bu**tsel dru**ri	bouteille en bois
çantë leshi	tchant **le**chi	sac en laine décoré
çorape leshi	tcho**ra**pe **le**chi	pantoufles-chausettes en laine
kuti druri me motive	ku**ti dru**ri me mo**ti**ve	boîte à bijoux décorée
llullë druri	l'ul' **dru**ri	pipe en bois
pjatë druri	pyat **dru**ri	assiette en bois décorée

À la banque *Në bankë*

Où est la banque la plus proche?	**Ku është banka më e afërteh?**	ku eucht **ban**ka meu e **a**feurt
Je voudrais changer des francs/dollars en des leks.	**Dua të shkëmbej disa franga/ dollarë në lekë.**	**du**a teu chkeum**bey** dis**a** **fran**ga/dol**'ar** neu lek
Quel est le cours du change?	**Sa është kursi i shkëmbimit?**	sa eucht **kur**si i chkeum**bi**mit

À la poste *Në postë*

Je voudrais envoyer ceci …	**Dua të dërgoj këtë me …**	**du**a teu deur**goj** **keu**teu me
par avion/par exprès	**postë ajrore/ekspres**	post ay**ro**re/eks**pres**
Je voudrais … timbres à 20 leks.	**Dua … pulla poste njëzet lekëshe.**	**du**a … **pul**'a **pos**te gneu**zet** **le**keuche
Quel est le tarif d'une carte postale/lettre pour France?	**Sa bën të nisësh një kartolinë /letër për në Franca?**	sa beun teu **ni**seuch gneu **le**teur/karto**lin** peur neu **fran**tsa
Y a-t-il du courrier pour moi?	**Ka ndonjë letër për mua?**	ka **ndo**gneu **le**teur peur **mu**a.
Je m'appelle …	**Më quajnë …**	meu **tchyu**ajn

Téléphone *Në telefon*

Où se trouve le téléphone public le plus proche?	**Ku është telefoni më i afërt.**	ku eucht tele**fo**ni meu i **a**feurt
Puis-je utiliser votre téléphone?	**A mund të flas pak në telefon?**	a mund teu flas pak neu tele**fon**
Allo. C'est …	**Alo. Jam …**	a**lo** yam
Je désire parler à …	**Dua të flas me …**	**du**a teu flas me
Quand sera-t-il/elle de retour?	**Kur do të kthehet ai/ajo?**	kur do teu **kt'e**het a**i/ayo**
Veuillez lui dire que j'ai appelé.	**A mund t'i thoni që e mora në telefon?**	a mund ti **t'o**ni tchyeu e **mo**ra neu tele**fon**

CHIFFRES, voir page 16

L'heure et la date *Koha dhe data*

Il est …	**Është …**	eucht
une heure cinq	**një e pesë**	gneu e pes
trois heures et quart	**tre e njëcerek**	tre e **gneu**tse**rek**
cinq heures vingt	**pesë e njëzet**	pes e gneu**zet**
sept heures et demie	**shtatë e gjysëm**	chtat e **j'û**seum
neuf heures moins vingt-cinq	**nëntë pa njëzet e pesë**	neunt pa gneu**ze** e pes
dix heures moins dix	**dhjetë pa dhjetë**	d'yet pa d'yet
midi/minuit	**mesditë/mesnatë**	mes**dit**/mes**nat**
le matin	**në mëngjes**	neu meun**j'es**
pendant la journée	**gjatë ditës**	j'at **di**teus
la nuit	**natën**	**na**teun
hier/aujourd'hui	**dje/sot**	dye/sot
demain	**nesër**	**ne**seur
printemps/été	**pranverë/verë**	pran**ver**/ver
automne/hiver	**vjeshtë/dimër**	vyecht/**di**meur

lundi	**e henë**	e heun
mardi	**e martë**	e mart
mercredi	**e mërkurë**	e meur**kur**
jeudi	**e enjte**	e **egn**te
vendredi	**e premte**	e **prem**te
samedi	**e shtunë**	e chtun
dimanche	**e dielë**	e dyel
janvier	**janar**	ya**nar**
février	**shkurt**	chkurt
mars	**mars**	mars
avril	**prill**	pril'
mai	**maj**	may
juin	**qershor**	tchyer**chor**
juillet	**korrik**	ko**r'ik**
août	**gusht**	gucht
septembre	**shtator**	chta**tor**
octobre	**tetor**	te**tor**
novembre	**nëntor**	neun**tor**
décembre	**dhjetor**	d'ye**tor**

Chiffres *Numrat*

0 **zero**	zero	11 **njëmbëdhjetë**	gneumbeu**d'yet**
1 **një**	gneu	12 **dymbëdhjetë**	dûmbeu**d'yet**
2 **dy**	dû	13 **trembëdhjetë**	trembeu**d'yet**
3 **tre**	tre	14 **katërmbëdhjetë**	**ka**teurmbeu**d'yet**
4 **katër**	kateur	15 **pesëmbëdhjetë**	**pe**seumbeu**d'yet**
5 **pesë**	pes	16 **gjashtëmbëdhjetë**	**j'a**chteumbeu**d'yet**
6 **gjashtë**	j'acht	17 **shtatëmbëdhjetë**	**chta**teumbeu**d'yet**
7 **shtatë**	chtat	18 **tetëmbëdhjetë**	**te**teumbeu**d'yet**
8 **tetë**	tet	19 **nëntëmbëdhjetë**	**neun**teumbeu**d'yet**
9 **nëntë**	neunt	20 **njëzetë**	gneu**zet**
10 **dhjetë**	d'yet	21 **njëzetë një**	gneu**zet** e gneu

30	**tridhjetë**	tri**d'yet**
40	**dyzetë**	dû**zet**
50	**pesëdhjetë**	**pe**seu**d'yet**
60	**gjashtëdhjetë**	**j'a**chteu**d'yet**
70	**shtatëdhjetë**	**chta**teu**d'yet**
80	**tetëdhjetë**	**te**teu**d'yet**
90	**nëntëdhjetë**	**neun**teu**d'yet**
100/1000	**njëqind/njëmijë**	gneu**tchyind**/gneu**miy**
premier/deuxième	**i pari/i dyti**	i **pa**ri/i **dû**ti
une fois/deux fois	**një herë/dy herë**	gneu her/dû her
une moitié	**gjysmë**	**j'û**smeu

Urgences *Urgjenca*

Appelez la police	**Thirrni policinë**	**t'ir**ni poli**tsin**
Appelez un médecin	**Thirrni doktorin**	**t'ir**ni dokto**rin**
AU SECOURS	**NDIHMË**	ndihm
Je suis malade	**Jam sëmurë**	yam seu**mur**
Je me suis perdu(e)	**Kam humbur**	kam **hum**bur
Laissez-moi tranquille	**Më lini të qetë**	meu **li**ni teu tchyet
AU VOLEUR	**KAPENI HAJDUTIN**	**ka**peni hay**du**tin
On m'a volé …	**Më kanë vjedhur …**	meu kan **vye**d'ur
J'ai perdu …	**Kam humbur …**	kam **hum**bur
bagages	**bagazhin**	ba**ga**jin
passeport	**pasaportën**	pasa**por**teun
sac à main	**çantën e dorës**	**tchan**teun e **do**reus

TÉLÉPHONE, voir page 14

Guide de prononciation albanaise

Consonnes

Lettre	Prononciation approximative	Symbole	Exemple	
c	comme **ts** dans **ts**ar	ts	**cen**	tsen
ç	comme **tch** dans **tch**èque	tch	**çek**	tchek
dh	comme **z** zézayé	d'	**dhe**	d'e
gj	comme **j** dans **j**eans	j'	**gjen**	j'en
j	comme **y** dans **y**oga	y	**jam**	yam
ll	comme **l** dans vi**ll**e	l'	**llap**	l'ap
nj	comme **gn** dans mi**gn**on	gn	**njom**	gnom
q	comme **tch** dans **tch**in-**tch**in	tchy	**qen**	tchyen
rr	comme **r** dans c**r**ochet	r'	**rrot**	r'ot
sh	comme **ch** dans **ch**at	ch	**shan**	chan
th	comme **s** dans **s**able	t'	**tha**	ta
x	comme **dz** dans **dz**a-**dz**a	dz	**xix**	dzidz
xh	comme **j** dans **j**eans	j'	**xhan**	j'an
zh	comme **j** dans **j**our	j	**zhap**	jap

b, **p**, **d**, **t**, **k**, **g**, **h**, **l**, **m**, **n**, **r**, **v**, **f**, **s**, **z** se prononcent comme en Français

Voyelles

a	comme **a** dans l**a**me	a	**man**	man
e	comme **è** dans m**è**re	e	**nen**	nen
i	comme **i** dans **i**c**i**	i	**mish**	mich
u	comme **u** dans **u**tile	u	**push**	puch
o	comme **o** dans b**o**nne	o	**po**	po
y	comme **u** dans s**û**r	û	**yni**	**û**ni
ë	comme **eu** dans p**eu**t-être	eu	**bën**	beun

Note:

Le **ë** est la voyelle la plus courante en albanais. Lorsqu'elle apparaît en fin de mot, elle est généralement muette, et la voyelle de la syllabe précédente devient longue, par exemple **mirë** se prononce mir.

Bulgare

Expressions courantes *Основни изрази*

Oui/Non.	**Да/Не.**	da/nè
S'il vous plaît.	**Извинете.**	izvi**nè**tè
Merci.	**Благодаря.**	blagoda**rya**
Pardon?	**Моля?**	**mo**lya

Présentations *Запознанства*

Bonjour (matin).	**Добро утро.**	do**bro ou**tro
Bonjour (après-midi).	**Добър ден.**	**do**bâr dènn
Bonne nuit.	**Лека нощ.**	**lè**ka nocht
Au revoir.	**Довиждане.**	do**vij**danè
Je m'appelle …	**Казвам се …**	**kaz**vamm sè
Comment vous appelez-vous?	**Как се казвате?**	kak sè **kaz**vatè
Comment allez-vous?	**Как сте?**	kak stè
Très bien, merci. Et vous?	**Благодаря, добре. А Вие?**	blagoda**rya** do**brè**. a **viè**
D'où êtes-vous?	**От къде сте?**	otkâ**dè** stè
Je viens de la/du …	**Аз съм от …**	ass sâmm ot
Belgique	**Белгия**	**bel**guiya
Canada	**Канада**	ka**na**da
France	**Франция**	**frann**tsiya
Suisse	**Швейцария**	chveï**tsa**riya
Je suis avec …	**Тук съм със …**	touk sâmm sâs
femme	**ена ми**	jè**na** mi
mari	**мъжа ми**	mâ**ja** mi
famille	**семейството ми**	sè**meï**stvoto mi
ami	**приятеля ми**	pri**ya**tèlya mi
amie	**приятелката ми**	pri**ya**telkata mi
Je suis seul(e).	**Тук съм сам (сама).**	touk sâmm samm (sa**ma**)
Je suis en vacances/ voyage d'affaires.	**Тук съм на почивка.**	touk sâmm na po**tchiv**ka

GUIDE DE PRONONCIATION, voir page 32/URGENCES, voir page 31

Questions *Въпроси*

Quand?/Comment?	**Кога?/Как?**	ko**ga**/kak
Quoi?/Pourquoi?	**Какво?/Защо?**	kak**vo**/za**chto**
Qui?/Lequel?	**Кой?/Кое?**	koï/koè
Où se trouve/ent …?	**Къде е/са …?**	kâ**dè** è/sa
Où puis-je trouver …?	**Къде мога да открия/намеря …?**	kâ**dè** **mo**ga da ot**kri**ya/na**mè**rya
À quelle distance?	**Колко далече?**	**kol**ko da**lè**tchè
Combien de temps?	**Колко дълго?**	**kol**ko **dâl**go
Combien?	**Колко струва?**	**kol**ko **strou**va
Puis-je avoir …?	**Може ли да ми дадете...?**	**mo**jè li da mi da**dè**tè
Pouvez-vous m'aider?	**Може ли да ми помогнете?**	**mo**jè li da mi po**mog**nètè
Je comprends.	**Разбирам.**	raz**bi**ramm
Je ne comprends pas.	**Не разбирам.**	nè raz**bi**ramm
Pouvez-vous me traduire ceci?	**Може ли да ми преведете това?**	**mo**jè li da mi prèvè**dè**tè to**va**
Parlez-vous français?	**Говорите ли френски?**	go**vo**ritè li **frènn**ski
Je ne parle pas bulgare.	**Аз не говоря български.**	as nè go**vo**rya **bâl**garski

Quelques mots utiles *Няколко Полезни Думи*

ancien/nouveau	**стар/млад**	star/mlat
bon/mauvais	**добро/лошо**	do**bro**/**lo**cho
bon marché/cher	**евтино/скъпо**	**èf**tino/**skâ**po
chaud/froid	**горещо/студено**	go**rè**chto/stou**dè**no
grand/petit	**голямо/малко**	go**lya**mo/**mal**ko
juste/ faux	**правилно/ неправилно**	**pra**vilno/ nè**pra**vilno
libre/occupé	**свободно/заето**	svo**bod**no/za**è**to
meilleur/pire	**по-добро/по-лошо**	**po** do**bro**/**po lo**cho
près/loin	**близо/далече**	**bli**zo/da**lè**tchè
tôt/tard	**рано/късно**	**ra**no/**kâss**no

Hôtel—Logement *Настаняване в хотел*

J'ai fait réserver.	**Имам резервация.**	**i**mamm rèzer**va**tsiya
Avez-vous des chambres disponibles?	**Имате ли свободни стаи?**	**i**matè li svo**bod**ni **sta**ï
Je voudrais une chambre …	**Искам … стая.**	**is**kamm … **sta**ya
pour une personne	**самостоятелна**	samosto**ya**tèlna
pour deux personnes	**за двама**	za **dva**ma
avec des lits jumeaux	**с две легла**	s dvè lèg**la**
avec un grand lit	**с двойно легло**	s **dvoy**no leg**lo**
avec bain/douche	**с вана/с душ**	s **va**na/s douch
Nous resterons …	**Ще останем …**	chtè os**ta**nèmm
une nuit seulement	**само тази вечер**	**sa**mo **ta**zi **vè**tcher
quelques jours	**няколко дни**	**nya**kolko dni
une semaine	**седмица**	**sed**mitsa
Y-a-t-il un camping près d'ici?	**Наблизо има ли къмпинг?**	na**bli**zo **i**ma li **kâm**ping

Décision *Решение*

Puis-je voir la chambre?	**Може ли да видя стаята?**	**mo**jè li da **vi**dya **sta**yata
D'accord. Je la prends.	**Харесва ми. Ще я наема.**	kha**rès**va mi. chtè ya na**è**ma
Non, elle ne me plaît pas.	**Не. Не ми харесва.**	nè. nè mi kha**rès**va
Elle est trop…	**Тук е твърде …**	touk è **tvâr**dè
bruyante	**шумно**	**choumm**no
petite/sombre	**тясно/тъмно**	**tyas**no/**tâm**no
N'avez-vous rien de …?	**Имате ли нещо …?**	imatè li **nè**chto
moins cher	**по-евтино**	**po èf**tino
plus grand	**по-просторно**	**po** pros**tor**no
plus tranquille	**по-тихо**	**po ti**kho
Puis-je avoir ma note, s'il vous plaît?	**Извинете, може ли сметката?**	izvi**nè**tè **mo**jè li **smet**kata
Le séjour a été très agréable.	**Много приятно беше тук.**	**mno**go pri**yat**no **bè**chè touk

JOURS DE LA SEMAINE, voir page 30

Restaurant *На ресторант*

Je voudrais réserver une table pour 4 personnes.	**Искам да резервирам маса за четирима.**	**is**kamm da rèzèr**vi**ramm **ma**ssa za tchèti**ri**ma
Nous viendrons à 8 heures.	**Ще дойдем в осем.**	chtè **doï**demm v **o**ssem
Je voudrais …	**Искам да …**	**is**kamm da
petit déjeuner	**закуся**	za**kou**sya
déjeuner	**обядвам**	o**byad**vamm
dîner	**вечерям**	vè**tchè**ryamm
Que me recommandez-vous?	**Какво бихте препоръчали?**	kak**vo bikh**tè prèpo**râ**tchali
Avez-vous des plats végétariens?	**Имате ли вегетариански ястия?**	**i**matè li vèguètari**ann**ski **yas**tiya

Petit déjeuner *Сакус*

Pourrais-je avoir …?	**Искам …**	**is**kamm
beurre	**масло**	**mass**lo
confiture	**конфитюр**	konnfi**tyour**
fromage	**сирене**	**si**rènè
jambon/œuf	**шунка/яйце**	**chounn**ka/**yaï**tsè
pain/petits pains	**хляб/кифли**	khlyap/**kif**li

Hors-d'œuvre *Закуски*

луканка	lou**kann**ka	crépine épicée
лютеница	**lyou**tènitsa	sauce à la tomate et aux poivrons rouges
сирене по шопски	**si**rènè po **chop**ski	fromage cuit au four dans un plat en terre
тарама салата	tara**ma** sal**a**ta	tarama
таратор	tara**tor**	soupe froide au concombre et au yaourt
шкембе чорба	chkemm**bè** tchor**ba**	soupe aux tripes
шопска салата	**chop**ska sa**la**ta	salade de tomates, de concombre et de fromage

CHIFFRES, voir page 31

au four/bouilli	**на фурна/варено**	na **four**na/var**è**no
en ragoût	**задушено**	zadou**chè**no
frit/grillé	**пържено/на скара**	**pâr**jèno/na **ska**ra
rôti	**печено**	**pè**tchèno
saignant	**леко запечено**	**lè**ko za**pè**tchèno
à point	**средно опечено**	**srèd**no o**pè**tchèno
bien cuit	**добре опечено**	do**brè** o**pè**tchèno

Viande *Месо*

Je voudrais …	**Искам малко …**	**is**kamm **mal**ko
agneau	**агнешко**	**ag**nèchko
bœuf	**говеждо**	go**vèj**do
canard/porc	**патица/свинско**	**pa**titsa/**svinn**sko
poulet/veau	**пиле/телешко**	**pi**lè/**tè**lèchko
кебап	kè**bap**	viande en sauce
кюфте	kyouf**tè**	boulette de viande
мусака	moussa**ka**	moussaka
пържола	pâr**jo**la	escalope de porc grillée
сарми	sar**mi**	feuilles de vigne farcies
свинско със зеле	**svinn**sko sâs **zè**lè	porc et choucroute

Poissons et fruits de mer *Риба и ястия от морски продукти*

бяла риба пане	**bya**la **ri**ba pa**nè**	sanche en beignet
миди с ориз	**mi**di s o**riss**	moules au riz
пушен паламуд	**pou**chènn pala**moud**	thon fumé
пържена цаца	**pâr**jèna **tsa**tsa	sprat frit
рибена чорба	**ri**bèna tchor**ba**	soupe de poisson

Légumes *Зеленчуци*

champignon	**гъби**	**gâ**bi
chou	**зеле**	**zè**lè
cornichon	**краставички**	**kra**stavitchki
haricots verts	**боб**	bop
oignon	**лук**	louk
poireau	**праз**	prass
pommes de terre	**картофи**	kar**to**fi
tomate	**домати**	do**ma**ti

баница	**ba**nitsa	friand au fromage
вегетариански гювеч	vèguètari**ann**ski gyou**vètch**	légumes en cocotte
пълнени пиперки с ориз	**pâl**neni pi**per**ki s o**riss**	poivrons farcies au riz

Fruits et desserts *Плодове и десерт*

citron	**лимон**	li**monn**
fraises	**ягоди**	**ya**godi
orange	**портокал**	porto**kal**
pomme	**ябълка**	**ya**bâlka
prune	**слива**	**sli**va
катми	kat**mi**	crêpe au fromage ou à la confiture
сладолед	slado**lèt**	glace
торта	**tor**ta	gâteau

Boissons *Напитки*

bière	**бира**	**bi**ra
café	**кафе**	ka**fè**
noir/au lait	**без мляко/с мляко**	bèz **mlya**ko/s **mlya**ko
chocolat (chaud)	**(мляко с) какао**	(**mlya**ko s) ka**ka**o
eau minérale	**минерална вода**	minè**ral**na vo**da**
jus de fruits	**плодов сок**	**plo**dof sok
thé	**чай**	tchaï
vin	**вино**	**vi**no
blanc/rouge	**бяло/червено**	**bya**lo/tcher**vè**no

Réclamations et l'addition *Оплаквания и плащание*

Ce n'est pas ce que j'ai commandé.	**Не това поръчах.**	nè to**va** po**râ**tchakh
L'addition, s'il vous plaît.	**Искам да платя.**	**is**kamm da pla**tya**
Je crois qu'il y a une erreur dans l'addition.	**Имате грешка в сметката.**	imatè **grè**chka v **smet**kata
C'était très bon, merci.	**Хареса ни, благодарим Ви.**	kha**rè**ssa ni blagoda**rimm** vi

Excursions *Пътуване*

Avion *Самолет*

Y a-t-il un vol pour Sofia?	**Има ли полет до София?**	**i**ma li **po**l**è**t do **so**fiya
À quelle heure est l'enregistrement?	**Кога трябва да се регистрирам?**	ko**ga tryab**va da sè règhis**tri**ramm
Je voudrais … ma réservation.	**Искам да … моята резервация.**	**is**kamm da … **mo**yata rèzèr**va**tsiya
annuler	**отменя**	otmè**nya**
changer	**променя**	promè**nya**
confirmer	**потвърдя**	potvâr**dya**

Train *Влак*

Je voudrais un billet pour Plovdiv.	**Искам един билет до Пловдив.**	**is**kamm è**dinn** bi**lèt** do **plov**dif
aller simple	**отиване**	o**ti**vanè
aller-retour	**отиване и връщане**	o**ti**vanè i **vrâ**chtanè
première/deuxième classe	**първа/втора класа**	**pâr**va/**fto**ra **kla**ssa
Quand part le … train pour Burgas?	**Кога е … влака до Бургас?**	ko**ga** è … **vla**ka do bour**gass**
premier	**първият**	**pâr**viyat
prochain	**следващият**	**sled**vachtiyat
dernier	**последният**	po**slèd**niyat
C'est bien le train pour Varna, n'est-ce pas?	**Това ли е влакът за Варна?**	to**va** li è **vla**kât za **var**na

Bus *Автобус*

Quel bus va au centre-ville?	**Кой автобус отива до центъра?**	koï avto**bouss** o**ti**va do **tsènn**târa
Quel est le prix du trajet jusqu'à …?	**Колко струва билетът до ...?**	**kol**ko **strou**va bi**lè**tât do
Pourriez-vous me dire quand je dois descendre?	**Извинете, кога трябва да сляза?**	izvi**nè**tè ko**ga tryab**va da **slya**za

HEURES, voir page 30

Taxi *Такси*

Quel est le tarif pour …?	**Колко ще струва до …?**	**kol**ko chtè **strou**va do
Conduisez-moi à cette adresse.	**Откарайте ме на този адрес.**	ot**ka**raïtè mè na **tozi** a**drèss**
Arrêtez-vous ici, s.v.p.	**Моля, спрете тук.**	**mo**lya **sprè**tè touk

Location de voitures *Лека кола под наем*

Je voudrais louer une voiture.	**Искам да наема лека кола.**	**is**kamm da naèma **lè**ka ko**la**
Je la voudrais pour un jour/une semaine.	**Трябва ми за един ден/една седмица.**	**tryab**va mi za e**dinn** denn/èd**na sèd**mitsa
Où est la station-service la plus proche?	**Къде е най-близката бензиностанция?**	kâ**dè** è naï-**blis**kata benzino**stann**tsiya
Le plein, s'il vous plaît.	**Напълнете резервоара, моля.**	napâl**nè**tè rèzèrvou**a**ra **mo**lya
Donnez-moi … litres d'essence.	**Дайте ми … литра бензин.**	**daï**tè mi … **li**tra bèn**zin**
Comment puis-je aller à …?	**Как мога да стигна до …?**	kak **mo**ga da **stig**na do
Je suis tombé en panne à …	**Колата се повреди при …**	ko**la**ta sè povrè**di** pri
Pouvez-vous envoyer un mécanicien?	**Може ли да пратите монтьор?**	**mo**jè li da **pra**titè monn**tyor**
Pourriez-vous réparer ce pneu?	**Може ли да залепите тази гума?**	**mo**jè li da zalè**pi**tè **ta**zi **gou**ma

☞ Vous êtes sur la mauvaise route.	**На погрешен път сте.** ☜
Allez tout droit.	**Продължете направо.**
C'est là-bas à …	**Ето там …**
gauche/droite	**отляво/отдясно**
à côté de/au-delà de …	**до/след …**
nord/sud/est/ouest	**север/юг/изток/запад**

CHIFFRES, voir page 31

Visites touristiques *Разглеждане на забележителности*

Où se trouve le syndicat d'initiative?	**Къде е туристическото бюро?**	kâ**dè** è touris**ti**tcheskoto byou**ro**
Y a-t-il un guide qui parle français?	**Има ли екскурсовод с френски?**	**i**ma li ekskourzo**vod** s **frènn**ski
Où se trouve …?	**Къде е …?**	kâ**dè** è
cathédrale	**храмът**	**khra**mât
centre (de la ville)	**градският център**	**grad**skiyat **tsènn**târ
château	**крепостта**	krèpos**ta**
jardin zoologique	**зоопаркът**	**zoo**parkât
marché	**пазарът**	pa**za**rât
musée	**музеят**	mou**zè**yat
plage	**плаж**	plaj
port	**пристанището**	pri**sta**nichtèto
quartier commerçant	**магазините**	maga**zi**nitè
À quelle heure ouvre/ferme-t-il/elle?	**Кога отварят/ затварят?**	ko**ga** ot**va**ryat/ zat**va**ryat
Combien coûte l'entrée?	**Каква е входната такса?**	ka**kva** è **vkhod**nata **tak**sa

Divertissements *Развлечение*

Que joue-t-on au Théâtre …?	**Коя пиеса представят в театър …?**	ko**ya** pièss**a** pred**sta**vyat v te**a**târ
Combien coûtent les places?	**Колко струват билетите?**	**kol**ko **strou**vat bi**lè**titè
Voulez-vous sortir avec moi ce soir?	**Искате ли да излезем заедно довечера?**	**is**katè li da iz**lè**zèmm **za**èdno do**vè**tchèra
Y a-t-il une discothèque en ville?	**В града има ли дискотека?**	v gra**da** **i**ma li disko**tè**ka
Voulez-vous danser?	**Искате ли да танцуваме?**	**is**katè li da tan**tsou**vamè
Merci, j'ai passé une soirée merveilleuse.	**Благодаря. Прекарах чудесна вечер.**	blagoda**rya**. pre**ka**rakh tchou**dèss**na **vè**tcher

URGENCES, voir page 31

Magasins et services *Магазини и услуги*

Où est … le/la plus proche?	**Къде наблизо … има?**	kâ**dè** na**bli**zo **i**ma
boulangerie	**хлебарница**	khlè**bar**nitsa
bureau de poste	**поща**	**po**chta
coiffeur	**фризьорски салон**	fri**zyor**ski sa**lonn**
dentiste	**зъболекар**	zâbo**lè**kar
épicierie	**бакалия**	baka**li**ya
grand magasin	**универсален магазин**	ouniver**sa**lènn maga**zinn**
librairie	**книжарница**	kni**jar**nitsa
pharmacie	**аптека**	ap**tè**ka
supermarché	**супермаркет**	**sou**per**mar**ket

Expressions générales *Общи изрази*

Où se trouve le quartier commerçant?	**Къде е тъговският център?**	kâ**dè** è târ**gov**skiy at **tsènn**târ
Avez-vous …?	**Имате ли …?**	**i**matè li
N'auriez-vous pas quelque chose de …?	**Имате ли нещо …?**	**i**matè li **nè**chto
moins cher	**по-евтино**	**po ef**tino
plus grand	**по-голямо**	**po** go**lya**mo
Puis-je l'essayer?	**Може ли да го пробвам?**	**mo**jè li da go **prob**vamm
Combien coûte ceci?	**Колко струва това?**	**kol**ko **strou**va to**va**
Pourriez-vous l'écrire, s.v.p.?	**Моля, напишете го.**	**mo**lya napi**chè**tè go
Non, cela ne me plaît pas.	**Не, не ми харесва.**	nè nè mi kha**rès**va
Je le prends.	**Ще го взема.**	chtè go **vzè**ma
Acceptez-vous les cartes de crédit?	**Приемате ли кредитни карти?**	pri**è**matè li **krè**ditni **kar**ti

blanc	**бяло**	**bya**lo	noir	**черно**	**tcher**no
bleu	**синьо**	**si**nyo	orange	**оранжево**	o**rann**jèvo
brun	**кафяво**	ka**fya**vo	rouge	**червено**	tcher**vè**no
jaune	**жълто**	**jâl**to	vert	**зелено**	zè**lè**no

CHIFFRES, voir page 31

Je voudrais acheter …	**Искам да купя …**	**is**kamm da **kou**pya
aspirine	**аспирин**	aspi**rinn**
crème solaire	**плажен крем**	**pla**jènn krèmm
dentifrice	**паста за зъби**	**pas**ta za **zâ**bi
journal	**вестник**	**vest**nik
français	**френски**	**frènn**ski
piles	**батерии**	ba**tè**rii
savon	**сапун**	sa**pounn**
shampooing	**шампоан**	chammpo**ann**
un demi-kilo de pommes	**половин кило ябълки**	polo**vinn** ki**lo** **ya**bâlki
un litre de lait	**един литър мляко**	è**dinn** **li**târ **mlya**ko
Je voudrais une pellicule … pour cet appareil.	**Искам … филм за този фотоапарат.**	**is**kamm … film za **to**zi **fo**toaparat
en noir et blanc	**черно-бял**	**tcher**no byal
en couleurs	**цветен**	**tsvè**tènn
Une coupe de cheveux, s.v.p.	**Искам подстригване.**	**is**kamm pod**strig**vanè

Souvenirs *Сувенири*

българска бродерия	**bâl**garska bro**dè**riya	broderie de Bulgarie
дърворезба	dârvorèz**ba**	sculpture sur bois
кована мед	ko**va**na mèt	cuivres
керамика и глинени съдове	ke**ra**mika i **gli**nèni **sâ**dovè	céramique et faïences

À la banque *В банката*

Où est le bureau de change le plus proche?	**Къде наблизо има валутното бюро?**	kâ**dè** na**bli**zo ima va**lout**noto byou**ro**
Je voudrais changer des francs/dollars en des levs.	**Искам да обменa франкове/ доларив левове.**	**is**kamm da obmè**nya frann**kovè/ **do**lari v **lè**vovè
Quel est le cours du change?	**Какъв е обменният курс?**	ka**kâv** è ob**mènn**iyat kours

CHIFFRES, voir page 31

À la poste *В пощата*

Je voudrais envoyer ceci …	**Искам да пратя това …**	**is**kamm da **pra**tya to**va**
par avion	**с въздшна поща**	s vâz**douch**na **po**chta
par exprès	**екпрес**	eks**press**
Je voudrais … timbres à … levs.	**Искам марки за … лева.**	**is**kamm **mar**ki za ... **lè**va
Quel est le tarif d'une lettre/carte postale pour France?	**Каква е таксата за писмо/пощенска картичка до франция?**	ka**kva** è **tak**sata za piss**mo/po**chtenska **kar**titchka do **frann**tsiya
Y a-t-il du courrier pour moi? Je m'appelle …	**Има ли поща за мен? Казвам се …**	**i**ma li **po**chta za mènn. **kaz**vamm sè

Téléphone *Телефониране*

Où se trouve le téléphone le plus proche?	**Къде наблизо има телефонна кабина?**	kâ**dè** na**bli**zo **i**ma tèlè**fon**na ka**bi**na
Puis-je utiliser votre téléphone?	**Може ли да ползвам телефона Ви?**	**mo**jè li da **pol**zvamm tèlè**fo**na vi
Avez-vous un lev pour le téléphone?	**Имате ли монета от един лев за уличен телефон?**	**i**matè li mo**nè**ta ot e**din** lèv za **ou**litchènn tèlè**fonn**
Allo. C'est … Je désire parler à …	**Ало. Обажда се … Искам да говоря с …**	**a**lo. o**baj**da sè **is**kamm da go**vo**rya s
Quand sera-t-il/elle de retour?	**Кога ще се върне?**	ko**ga** chtè sè **vâr**nè
Veuillez lui dire que j'ai appelé.	**Моля, предайте му/й, че съм се обаждал(а)?**	**mo**lya prè**daï**tè mou/yï tchè samm sè o**baj**dal(a)

lundi	**понеделник**	ponè**dè**lnik
mardi	**вторник**	**ftor**nik
mercredi	**сряда**	**srya**da
jeudi	**четвъртък**	tchèt**vâr**tâk
vendredi	**петък**	**pè**tâk
samedi	**събота**	**sâ**bota
dimanche	**неделя**	nè**dè**lya
janvier	**януари**	yanou**a**ri
février	**февруари**	fevrou**a**ri
mars	**март**	mart
avril	**април**	ap**ril**
mai	**май**	maï
juin	**юни**	**you**ni
juillet	**юли**	**you**li
août	**август**	**av**goust
septembre	**септември**	sep**tèmm**vri
octobre	**октомври**	ok**tomm**vri
novembre	**ноември**	no**èmm**vri
décembre	**декември**	dè**kèmm**vri

L'heure et la date *Час и дата*

Il est …	**Сега е …**	sè**ga** è
une heure cinq	**един и пет**	è**dinn** i pèt
trois heures et quart	**три и четвърт**	tri i **tchèt**vart
cinq heures vingt	**пет и двадесет**	pèt i **dva**dèsèt
sept heures et demie	**седем и половина**	sèdèmm i polo**vi**na
neuf heures moins vingt-cinq	**девет без двадесет и пет**	**dè**vèt bèz **dva**dèsèt i pèt
dix heures moins dix	**десет без десет**	**dè**ssèt bèz **dè**sset
midi/minuit	**обяд/полунощ**	o**byat**/polou**nocht**
le matin	**сутринта**	soutrin**ta**
l'après-midi	**през деня**	prèz dè**nya**
la nuit	**през нощта**	prèz noch**ta**
hier/aujourd'hui	**вчера/днес**	**ftchè**ra/dnèss
demain	**утре**	**ou**trè
printemps/été	**пролет/лято**	**pro**lèt/**lya**to
automne/hiver	**есен/зима**	**è**ssènn/**zi**ma

Chiffres *Цифри*

0	**нула**	**nou**la	11	**единадесет**	èdi**na**dèssèt
1	**едно**	ed**no**	12	**дванадесет**	dva**na**dèssèt
2	**две**	dvè	13	**тринадесет**	tri**na**dèssèt
3	**три**	tri	14	**четиринадесет**	tchétiri**na**dèssèt
4	**четири**	**tchè**tiri	15	**петнадесет**	pet**na**dèssèt
5	**пет**	pèt	16	**шестнадесет**	chest**na**dèssèt
6	**шест**	chest	17	**седемнадесет**	sèdèmm**na**dèssèt
7	**седем**	**sè**dèmm	18	**осемнадесет**	ossèmm**na**dèssèt
8	**осем**	**o**ssèm	19	**деветнадесет**	dèvèt**na**dèssèt
9	**девет**	**dè**vèt	20	**двадесет**	**dva**dèssèt
10	**десет**	**dè**ssèt	21	**двадесет едно**	**dva**dèssèt i èd**no**

30	**тридесет**	**tri**dèssèt
40	**четиридесет**	tchèti**ri**dèssèt
50	**петдесет**	pètdè**ssèt**
60	**шестдесет**	chestdè**ssèt**
70	**седемдесет**	sèdèmdè**ssèt**
80	**осемдесет**	ossèmdè**ssèt**
90	**деветдесет**	dèvètdè**ssèt**
100/1000	**сто/хиляда**	sto/khi**lya**da
premier/deuxième	**първи/втори**	**pâr**vi/**fto**ri
une fois/deux fois	**веднъж/два пъти**	vèd**nâj**/dva **pâ**ti
une moitié	**половина**	polo**vi**na

Urgences *Произшествия*

Appelez la police	**Обадете се в полицията**	oba**dè**tè sè v po**li**tsiyata
AU SECOURS	**ПОМОЩ**	**po**mocht
Je suis malade	**Болен (Болна) съм**	**bo**lènn (**bol**na) sâmm
Je me suis perdu(e)	**Изгубих се**	iz**gou**bikh sè
Laissez-moi tranquille	**Остави ме на мира**	osta**vi** mè na **mi**ra
On m'a volé …	**Откраднаха ми …**	ot**krad**nakha mi
J'ai perdu mon/mes …	**Изчезна ми …**	iz**tchèz**na mi
bagages/passeport	**багажът/паспортът**	ba**ga**jât/pass**por**tât
sac à main	**ръчната чанта**	**râtch**nata **tchan**ta
Où puis-je trouver un médecin qui parle français?	**Къде да намеря лекар, който говори френски?**	kâ**dè** da na**mè**rya **lè**kar **koï**to go**vo**ri **frènn**ski

TÉLÉPHONE, voir page 29

Guide de prononciation bulgare

Consonnes

Lettre	Prononciation approximative	Symbole	Exemple	
б	comme **b** dans **b**ateau	b	**бял**	byal
в	comme **v** dans **v**oilà	v	**слива**	**sli**va
г	comme **g** dans **g**are	g/gu	**гума**	**gou**ma
д	comme **d** dans **d**anser	d	**душ**	douch
ж	comme **j** dans **j**our	j	**пържола**	pâr**jo**la
з	comme **z** dans **z**éphir	z/s/ss	**зеле**	**zè**le
к	comme **k** dans **k**ilo	k	**какао**	ka**ka**o
л	généralement très en arrière	l	**лук**	louk
м	comme **m** dans **m**atin	m/mm	**имам**	**i**mamm
н	comme **n** dans **n**ature	n/nn	**нула**	**nou**la
п	comme **p** dans **p**ère	p	**плаж**	plaj
р	comme un **r** bourguignon	r	**риба**	**ri**ba
с	comme **s** dans **s**alade	s/ss	**север**	sèvèr
т	comme **t** dans **t**apis	t	**торта**	**tor**ta
ф	comme **f** dans **f**arce	f	**кифла**	**kif**la
х	comme le **r** dans c**r**ochet	kh	**хляб**	khlyap
ц	comme **ts** dans **ts**ar	ts	**цаца**	**tsa**tsa
ч	comme **tch** dans **tch**èque	tch	**вечер**	**ve**tcher
ш	comme **ch** dans **ch**at	ch	**душ**	douch
щ	comme **ch** plus **t**	cht	**поща**	**po**chta

Voyelles

Lettre	Prononciation approximative	Symbole	Exemple	
а	comme **a** dans l**a**me	a	**апарат**	ahpahraht
е	comme **è** dans m**è**re	è	**ето**	ehto
и	comme **i** dans **i**ci		**или**	eelee
й	comme **y** dans **y**oga	y/ï	**двойно**	**dvoy**no
о	comme **o** dans b**o**nne	o	**отбор**	otbor
у	comme **ou** dans m**ou**	ou	**душ**	douch
ъ	un son entre **i** et **é**	i	**ъгъл**	igil
ь	comme **y** dans **y**oga	y	**актьор**	aktyor
ю	comme **you** dans **You**goslavie	ya	**юг**	yook
я	comme **ya** dans **ya**ourt	you	**деня**	deh**nyah**

Croate

Expressions courantes *Osnovni izrazi*

Oui/Non.	**Da/Ne.**	da/nè
S'il vous plaît.	**Molim.**	**mo**limm
Merci.	**Hvala vam.**	**hva**la vamm
Pardon?	**Molim?**	**mo**limm

Présentations *Upoznavanje*

Bonjour (matin).	**Dobro jutro.**	**do**bro **you**tro
Bonjour (après-midi).	**Dobar dan.**	**do**bar dann
Bonne nuit.	**Laku noć.**	**la**kou notch^{y}
Salut.	**Zdravo/Bog.**	**zdra**vo/bog
Au revoir.	**Doviđenja.**	dovi**dj^{y}è**nya
Je m'appelle …	**Ime mi je …**	imè mi yè
Enchanté.	**Drago mi je.**	**dra**go mi yè
Comment vous appelez-vous?	**Kako se zovete?**	**ka**ko sè **zo**vètè
Comment allez-vous?	**Kako ste?**	**ka**ko stè
Très bien, merci.	**Dobro, hvala.**	**do**bro **hva**la.
Et vous?	**A vi?**	a vi
D'où êtes-vous?	**Odakle ste?**	**o**daklè stè
Je viens de la/du …	**Ja sam iz …**	ya samm iz
Belgique	**Belgije**	**bèl**ghiyè
Canada	**Kanade**	ka**na**dè
France	**Francuske**	**fran**tsouskè
Suisse	**Svicarske**	**chvi**tsarskè
Je suis avec …	**Ja sam sa …**	ya samm sa
femme/mari	**svojom/svojim suprugom**	**svo**yomm/**svo**yimm **sou**prougomm
famille	**svojom porodicom**	**svo**yomm **po**roditsom
ami	**svojim dečkom**	**svo**yimm **dètch**komm
amie	**svojom djevojkom**	**svo**yomm **dyè**voykomm
Je suis seul(e)	**Sam(a) sam.**	samm(a) samm
Je suis en vacances	**Ja sam na praznicima.**	ya samm na **praz**nitsima

Questions *Pitanja*

Où se trouve/ent …?	**Gdje je/su …?**	gdyè yè/sou
Quand?/Comment?	**Kada?/Kako?**	**ka**da/**ka**ko
Quoi?/Pourquoi?	**Što?/Zašto?**	chto/**za**chto
Qui?/Lequel?	**Tko?/Koji?**	tko/**ko**yi
Où puis-je trouver …?	**Gdje mogu dobiti/naći …?**	gdyè **mo**gou **do**biti/**na**tch^{y}i
À quelle distance?	**Koliko je daleko odavde?**	**ko**liko yè da**lè**ko **o**davdè
Combien?	**Koliko?**	**ko**liko
Puis-je …?	**Mogu li?/Da li mogu?**	**mo**gou li/da li **mo**gou
Puis-je avoir …?	**Da li mogu dobiti …?**	da li **mo**gou **do**biti
Pouvez-vous m'aider?	**Možete li mi pomoći?**	**mo**jètè li mi po**mo**tch^{y}i
Que veut dire ceci?	**Što ovo znači?**	chto **o**vo **zna**tchi
Je comprends.	**Razumijem.**	ra**zoumi**yèmm
Je ne comprends pas.	**Ne razumijem.**	nè ra**zoumi**yèmm
Pouvez-vous me traduire ceci?	**Možete li mi ovo prevesti?**	**mo**jètè li mi **o**vo prè**vè**ssti
Parlez-vous français?	**Govorite li Francuski?**	**go**voritè li **fran**tsouski
Je ne parle pas bien croate.	**Ja malo govorim hrvatski jezik.**	ya **ma**lo **go**vorimm **chrvat**sski**yè**zik

Autres mots utiles *Nekoliko korisnih riječi*

ancien/nouveau	**stari/novi**	**sta**ri/**no**vi
beau/laid	**lijep/ružan**	**li**yèp/**rou**jan
bon/mauvais	**dobar/loš**	**do**bar/loch
bon marché/cher	**jeftin/skup**	**yèf**tinn/skoup
chaud/froid	**vruć/hladan**	vroutch^{y}/**hla**dan
grand/petit	**veliki/mali**	**vè**liki/**ma**li
juste/faux	**točno/pogrešno**	**totch**no/**po**grèchno
libre/occupé	**slobodan/zauzet**	**slo**bodann/**za**ouzèt
meilleur/pire	**bolje/lošije**	**bo**lyè/**lo**chiyè
près/loin	**blizu/daleko**	**bli**sou/da**lè**ko
tôt/tard	**rano/kasno**	**ra**no/**kass**no

Hôtel *Hotelski smeštaj*

J'ai fait réserver.	**Imam rezervaciju.**	**i**mamm rèzèr**va**tsiyou
Avez-vous des chambres disponibles?	**Imate li slobodnih soba?**	**i**matè li **slo**bodnikh **so**ba
Je voudrais une chambre …	**Želio (Željela) bih … sobu.**	**j**èlio (**j**èlyèla) bikh … **so**bou
pour une personne	**jednokrevetnu sobu**	yèdno**krè**vètnou **so**bou
pour deux personnes	**dvokrevetnu sobu**	dvo**krè**vètnou **so**bou
avec des lits jumeaux	**sa dva kreveta**	sa dva **krè**vèta
avec un grand lit	**sa bračnim krevetom**	sa **bra**tchnimm **krè**vètomm
avec bain/douche	**sa kadom/tušem**	sa **ka**domm/**tou**chèmm
Nous resterons …	**Mi ćemo ostati …**	mi **tch**ʸ**è**mo **o**sstati
une nuit seulement	**samo preko noći**	**sa**mo **prè**ko **no**tchʸi
quelques jours	**nekoliko dana**	**nè**koliko **da**na

Décision *Odluka*

Puis-je voir la chambre?	**Mogu li pogledati sobu?**	**mo**gou li **po**glèdati **so**bou
D'accord. Je la prends.	**U redu je. Uzet ću je.**	ou **rè**dou yè. **ou**zèt tchʸou yè
Non, elle ne me plaît pas.	**Ne. Ne sviđa mi se.**	nè.nè **svi**djʸa mi sè
Elle est trop… bruyante/petite	**Previše je … bučna/malena**	**prè**vichè yè **bou**tchna/**ma**lèna
Avez-vous quelque chose de …?	**Imate li nešto …?**	**i**matè li **nè**chto
meilleur/moins cher	**bolje/jeftinije**	**bo**lyè/yèf**ti**niyè
plus grand	**veće**	**vè**tchʸè
plus tranquille	**tiše**	**ti**chè
Puis-je avoir ma note, s'il vous plaît?	**Da li bih mogao (mogla) dobiti račun?**	da li bikh **mo**gao (**mo**gla) **do**biti **ra**tchounn
Le séjour a été très agréable.	**Bio nam je jako ugodan boravak ovdje.**	**bi**o nam yè **ya**ko **ou**godan **bo**ravak **o**vdyè

JOURS DE LA SEMAINE, voir page 46

Restaurant *Objedi u ugostiteljskim kućama*

Je voudrais réserver une table pour 4 personnes.	**Htio (Htjela) bih rezervirati stol za četvero.**	**htio (htyèla)** bikh rèzèr**vi**rati stol za **tchèt**vèro
Nous viendrons à 8 heures.	**Doći ćemo u osam sati.**	**dotch^{y}i tch^{y}è**mo ou ossamm **sa**ti
Je voudrais le petit déjeuner/le déjeuner/ le dîner.	**Želio (Žel'ela) bih doručak/ ručak/večeru.**	**jè**lio (jèlyèla) bikh **do**routchak **rou**tchak/**vè**tchèrou
Que me recommandez-vous?	**Što nam preporučujete?**	chto namm prèpo**rou**tchouyètè
Avez-vous des plats végétariens?	**Imate li vegetarijanska jela?**	imatè li vègèta**ri**yannska **yè**la

Petit déjeuner *Doručak*

Pourrais-je avoir…?	**Želio (Željela) bih …**	**jè**lio (**jè**lyèla) bikh
beurre/confiture	**maslac/džem**	**mas**lats/djèmm
fromage	**sir**	sir
jambon	**šunka**	**chounn**ka
œuf	**jaje**	**ya**yè
pain/petits pains	**kruh/kifle**	kroukh/**ki**flè

Hors-d'œuvre *Laki obroci/Predjela*

burek sa sirom	bou**rèk** sa **si**romm	petit pâte au fromage
dalmatinski sir	dalma**tin**ski sir	fromage dalmate
domaća šunka	**do**match^{y}a **chounn**ka	jambon de pays
domaći pršut	**do**match^{y}i p^{e}rchout	jambon dalmate
šampinjoni sa kiselim vrhnjem	champi**nyo**ni sa **ki**sèlimm **v^{e}rh**nyèmm	champignons à la crème fraîche

au four/bouilli	**pečen/kuhan**	**pè**tchènn/**kou**hann
en ragoût/frit	**pirjan/pržen**	**pir**yann/**p^{e}r**jènn
grillé/rôti	**na roštilju/pečen**	na roch**ti**lyou/**pè**tchènn
saignant	**nedopečeno**	nèdo**pè**tchèno
à point	**srednje pečeno**	**srèd**nyè **pè**tchèno
bien cuit	**dobro pečeno**	**do**bro **pè**tchèno

CHIFFRES, voir page 46

Viande *Meso*

Je voudrais …	**Żehlio (Żel'ela) bih…**	**jè**lio (**jè**lyèla) bikh
agneau	**janjetinu**	**ya**nyètinou
bœuf	**govedinu**	**gho**vèdinou
canard	**patku**	**pat**kou
porc/poulet	**svinjetinu/piletinu**	**svi**nyètinou/**pi**lètinou
veau	**teletinu**	**tè**lètinou
ćevapčići	tch^y^è**vap**tchitch^y^i	steak haché grillé
pljeskavica sa lukom	**plyès**kavitsa sa **lou**komm	hamburger avec des oignons crus
punjene paprike	**pou**nyènè **pa**prikè	poivrons farcies
ražnjići	raj**nyi**tch^y^i	brochettes
sarma	**sar**ma	feuilles de chou farcies
zagrebački odrezak	**za**grèbatchki **o**drèzak	escalope panée à la mode de Zagreb

Poissons et fruits de mer *Riba i morski plodovi*

cabillaud	**bakalar**	ba**ka**lar
calmar/carpe	**lignje/šaran**	**li**gnyè/**cha**rann
caviar	**ikra**	**i**kra
crabe/homard	**rakovi/jastog**	**ra**kovi/**yass**tog
scampi	**škampi**	**chkamm**pi

Légumes *Povrće*

champignon	**šampinjoni**	champi**nyo**ni
chou/chou-fleur	**kupus/cvjetača**	**kou**pouss/**tsvyè**tatcha
cornichon	**krastavčići**	kras**tav**tchitch^y^i
haricots verts	**grah**	grah
oignon	**luk**	louk
petits pois	**mahune**	**ma**hounè
pommes de terre	**krumpir**	**kroumm**pir
tomate	**rajčica**	**ray**tchitsa
omlet sa sirom	**omm**lèt sa **si**romm	omelette au fromage
omlet sa šampinjonima	**omm**lèt sa champi**nyo**nima	omelette aux champignons

Fruits et desserts *Voće i slatko poslije jela*

banane/citron	**banana/limun**	ba**na**na/**li**mounn
fraises/orange	**jagode/naranča**	**ya**ghodè/**na**rantcha
pomme/prune	**jabuka/šljiva**	**ya**bouka/**chlyi**va
makovnjača	ma**ko**vnyatcha	petit pain aux graines de pavot
sladoled	**sla**dolèd	glace
torta	**tor**ta	gâteau
voćna torta sa šlagom	votch^{y}na **torta** sa **chla**gomm	cake servi avec de la Chantilly

Boissons *Pića*

bière	**pivo**	**pi**vo
café	**kava**	**ka**va
noir/au lait	**crna/s mlijekom**	**ts^{e}r**na/ss mli**yè**komm
chocolat (chaud)	**topla čokolada**	**to**pla tchoko**la**da
eau minérale	**mineralna voda**	**mi**nèralna **vo**da
jus de fruits	**voćni sok**	**vo**tch^{y}ni sok
thé	**čaj**	tchay
vin blanc/rouge	**vino bijelo/crno**	**vi**no bi**yè**lo/**ts^{e}r**no
vodka	**votka**	**vot**ka

Réclamations et l'addition *Žalbe i plaćanje*

C'est trop …	**Ovo je previše …**	ovo yè **prè**vichè
amer/salé	**gorko/slano**	**gor**ko/**sla**no
Ce n'est pas ce que j'ai commandé.	**Ja nisam ovo naručio (naručila).**	ya **ni**samm **o**vo na**rou**tchio (na**rou**tchila)
L'addition, s'il vous plaît.	**Htio (Htjela) bih platiti.**	**htio**/**htyè**la bikh **pla**titi
Puis-je payer avec cette carte de crédit?	**Mogu li platiti ovom kreditnom karticom?**	**mo**gou li **pla**titi ovomm **krè**ditnomm **kar**titsomm
Est-ce que le service est compris?	**Da li je uključena napojnica?**	da li yè ou**klyou**tchèna **na**poynitsa
C'était très bon, merci.	**Bilo je jako ukusno, hvala vam.**	**bi**lo yè **ya**ko **ou**koussno **hva**la vamm

CHIFFRES, voir page 46

Excursions *Prilikom putovanja*

Avion *Avion*

Y a-t-il un vol pour Zagreb?	**Ima li let za Zagreb?**	**i**ma li lèt za **za**grèb
À quelle heure est l'enregistrement?	**Kada trebam predati prtljagu?**	**ka**da **trè**bamm **prè**dati p^{e}rt**lya**gou
Je voudrais … ma réservation.	**Htio bih … svoju rezervaciju.**	**hti**o bikh. … **svo**you rèzèr**va**tsiyou
annuler	**poništiti**	**po**nichtiti
changer	**promijeniti**	promi**yè**niti
confirmer	**potvrditi**	po**tv^{e}r**diti

Train *Vlak*

Je voudrais un billet pour Rijeka.	**Htio bih kartu za Rijeku.**	**hti**o bikh **kar**tou za ri**yè**kou
aller simple	**u jednom smjeru**	ou **yèd**nomm **smyè**rou
aller-retour	**povratna karta**	**po**vratna **kar**ta
première/deuxième classe	**prva/druga klasa**	**p^{e}r**va/**drou**ga **kla**ssa
Combien de temps dure le trajet?	**Koliko dugo traje putovanje?**	**ko**liko **dou**go **tra**yè pouto**va**nyè
Quand part le … train pour Osijek?	**Kada je … vlak za Osijek?**	**ka**da yè … vlak za **o**siyèk
premier/prochain	**prvi/slijedeći**	**p^{e}r**vi/sli**yè**dètch^{y}i
dernier	**zadnji**	**zad**nyi
C'est bien le train pour Split, n'est-ce pas?	**Je li ovo vlak za Split?**	yè li **o**vo vlak za split

Bus—Tram *Autobus–Tramvaj*

Quel bus va au centre-ville?	**Koji autobus vozi do centra?**	**ko**yi aou**to**bouss vozi do **tsèn**tra
Quel est le prix du trajet jusqu'à …?	**Koliko je karta do …?**	**ko**liko yè **kar**ta do
Pourriez-vous me dire quand je dois descendre?	**Hoćete li mi reći kada trebam sići?**	**ho**tch^{y}ètè li mi **rè**tch^{y}i **ka**da **trè**bamm **si**tch^{y}i

HEURES, voir page 45

Taxi *Taksi*

Quel est le tarif pour …?	**Koliko košta taksi do …?**	**ko**liko **ko**chta **ta**ksi do
Conduisez-moi à cette adresse.	**Odvezite me na ovu adresu.**	od**vè**zitè mè na ovou a**drè**sou
Arrêtez-vous ici, s'il vous plaît.	**Molim stanite ovdje.**	**mo**limm **sta**nitè **ov**dyè

Location de voitures *Unajmljivanje automobila*

Je voudrais louer une voiture.	**Htio (htjela) bih unajmiti automobil.**	**hti**o (**htyè**la) bikh ou**nay**miti aouto**mo**bil
Je la voudrais pour un jour/une semaine.	**Htio (htjela) bih unajmiti na jedan dan/tjedan.**	**hti**o (**htyè**la) bikh ou**nay**miti na **yè**dan dann/**tyè**dann
Où est la station-service la plus proche?	**Gdje je najbliža benzinska crpka?**	gdyè yè nay**bli**ja bèn**zin**ska **ts^{e}rp**ka
Le plein, s'il vous plaît.	**Pun rezervoar, molim.**	poun rèzèr**vo**ar **mo**limm
Donnez-moi … litres d'essence.	**Dajte mi … litara benzina.**	**day**tè mi **li**tara bèn**zi**na
Comment-puis-je aller à …?	**Kako mogu doći do ...?**	**ka**ko **mo**gou **do**tch^{y}i do
Je suis tombé en panne à …	**Auto mi je stalo kod …**	**a**outo mi yè **sta**lo kod
Pouvez-vous envoyer un mécanicien?	**Možete li poslati automehaničara?**	**mo**jètè li **po**slati **a**outo-mè**kha**nitchara

☞ Vous êtes sur la mauvaise route..	**Vi ste na krivom putu.** ☜
Allez tout droit.	**Idi (Idite) pravo.**
C'est là-bas à …	**To je dolje na …**
gauche/droite	**lijevo/desno**
en face de/derrière …	**preko puta/iza …**
à côté de/au-delà de …	**do/poslije ...**
nord/sud/est/ouest	**sjever/jug/istok/zapad**

HEURES, voir page 45/JOURS DE LA SEMAINE, voir page 46

Visites touristiques *Razgledanije mjesta*

Où se trouve le syndicat d'initiative?	**Gdje je turistička agencija?**	gdyè yè tou**riss**titchka a**ghèn**tsiya
Y a-t-il un guide qui parle français?	**Ima li vodič koji govori francuski**	**i**ma li **vo**ditch **ko**yi **go**vori **fran**tsouski
Où se trouve/ent …?	**Gdje je/su ...?**	gdyè yè/sou
cathédrale	**katedrala**	katè**dra**la
centre (de la ville)	**centar grada**	**tsènn**tar **gra**da
château	**zamak/dvorac**	**za**mak/**dvo**rats
exposition	**izložba**	**iz**lojba
jardin zoologique	**zoološki vrt**	zoo**lo**chki v^{e}rt
marché	**tržnica**	**t^{e}rj**nitsa
musée	**muzej**	**mou**zèy
plage	**plaža**	**pla**ja
port	**luka**	**lou**ka
À quelle heure ouvre/ferme-t-il/elle?	**Kada se otvara/zatvara?**	**ka**da sè **o**tvara/**za**tvara
Combien coûte l'entrée?	**Koliko košta ulaznica?**	**ko**liko **ko**chta **ou**laznitsa

Divertissements *Zabava i izlasci*

Que joue-t-on au Théâtre …?	**Što igra u … kazalištu?**	chto **i**gra ou. … **ka**zalichtou
Combien coûtent les places?	**Koliko košta ulaznica/karta?**	**ko**liko **ko**chta **ou**laznitsa/**kar**ta
Voulez-vous sortir avec moi ce soir?	**Da li bi htio [htjela] izaći sa mnom večeras?**	da li bi **hti**o [**htyè**la] **iza**tch^{y}i sa mnomm vè**tchè**rass
Voulez-vous danser?	**Da li bi htio [htjela] plesati sa mnom?**	da li bi **hti**o [**htyè**la] **plè**ssati sa mnomm
Merci, j'ai passé une merveilleuse soirée.	**Hvala ti. Bilo je jako ugodno veče.**	**hva**la ti. **bi**lo yè yako **ou**godno **vè**tchè

Magasins et services *Prodavaonice i usluge*

Où est … le/la plus proche?	**Gdje je najbliža …?**	gdyè yè nay**bli**ja
boucherie	**mesnica**	**mès**snitsa
boulangerie	**pekara**	**pè**kara
bureau de poste	**pošta**	**pochta**
coiffeur	**frizer**	**frizèr**
dentiste	**zubar**	**zou**bar
grand magasin	**robna kuća**	**rob**na **kou**tch^{y}a
librairie	**knjižara**	**knyi**jara
magasin de souvenirs	**prodavaonica suvenira**	prodava**o**nitsa souvè**ni**ra
marchand de journaux	**prodavaonica novina**	prodava**o**nitsa **no**vina
pharmacie	**ljekarna/apoteka**	**lyè**karna/apo**tè**ka
supermarché	**robna kuća**	**rob**na **kou**tch^{y}a

Expressions générales *Opći izrazi*

Où se trouve le quartier commerçant?	**Gdje je glavni centar za kupovinu?**	gdyè yè **glav**ni **tsènn**tar za kou**po**vinou
Avez-vous …?	**Imate li …?**	**i**matè li
Pouvez-vous me montrer ceci/cela?	**Možete li mi pokazati ovo/ono?**	**mo**jètè li mi po**ka**zati **o**vo/**o**no
N'auriez-vous pas quelque chose de …?	**Imate li šta …?**	**i**matè li chta
mieux/moins cher	**bolje/jeftinije**	**bo**lyè/yèf**ti**niyè
plus grand/plus petit	**veće/manje**	**vè**tch^{y}è/**ma**nyè
Puis-je l'essayer?	**Mogu li probati?**	**mo**gou li **pro**bati
Où est la cabine d'essayage?	**Gdje mogu probati?**	gdyè **mo**gou **pro**bati
Pouvez-vous me le commander?	**Možete li to naručiti za mene?**	**mo**jètè li to na**rou**tchiti za **mè**nè
Combien de temps cela prendra-t-il?	**Koliko dugo će to trajati?**	**ko**liko **dou**go tch^{y}è to **tra**yati

CHIFFRES, voir page 46

Combien coûte ceci?	**Koliko to košta?**	**ko**liko to **ko**chta
Pourriez-vous l'écrire, s'il vous plaît?	**Molim, napišite mi to.**	**mo**limm **na**pi**chi**tè mi to
Non, cela ne me plaît pas.	**Ne, ne sviđa mi se to.**	nè nè **svi**dj^{y}a mi sè to
Je le prends.	**Ipak ću uzeti.**	**i**pak tch^{y}ou ou**zè**ti
Acceptez-vous les cartes de crédit?	**Da li se može platiti kreditnom karticom?**	da li sè **mo**jè **pla**titi **krè**ditnomm **kar**titsomm

blanc	**bijel**	**bi**yèl	noir	**crn**	ts^{e}rnn
bleu	**plav**	plav	orange	**narančast**	na**ran**tchasst
brun	**smeđi**	**smè**dj^{y}i	rouge	**crven**	**ts^{e}r**vèn
jaune	**žut**	jout	vert	**zelen**	**zè**lèn

Je voudrais acheter …	**Želim kupiti …**	**jè**lim **kou**piti
aspirine	**aspirin**	ass**pi**rinn
crème solaire	**kremu za sunčanje**	**krè**mou za **soun**tchanyè
dentifrice	**pastu za zube**	**pass**tou za **zou**bè
journal	**novine**	**no**vinè
français	**francuske**	**fran**tsouske
canadien	**kanadske**	**ka**nadskè
pellicule	**film**	filmm
piles	**baterije**	**ba**tèriyè
savon	**sapun**	**sa**pounn
shampooing	**šampon**	**chamm**ponn
un demi-kilo de pommes	**pola kilograma jabuka**	**po**la **ki**lograma **ya**bouka
un litre de lait	**litru mlijeka**	**li**trou mli**yè**ka
Je voudrais une pellicule … pour cet appareil.	**Htio (Htjela) bih … film za ovaj foto-aparat.**	**hti**o (**htyè**la) bikh … filmm za **o**vay **fo**to-a**pa**rat
en noir et blanc	**crno-bijeli**	**ts^{e}r**no-bi**yè**li
en couleurs	**u boji**	ou **bo**yi
Une coupe de cheveux, s'il vous plaît.	**Htio (Htjela) bih se ošišati.**	**hti**o (**htyè**la) bikh sè o**chi**chati

Souvenirs *Suveniri*

lutke u narodnim nošnjama	**lout**kè ou **na**rodnimm **noch**nyama	poupées en costume national
narodni vez	**na**rodni vèz	broderie traditionnel
ručno rađeni ćilimi	**routch**no **radj**^{y}èni **tch**^{y}**i**limi	tapis faits main
slike naivne umjetnosti	**sli**kè **na**ivnè ou**myè**tnossti	peinture artisanale sur verre
školjke/koralji	**choly**kè/ko**ra**lyi	coquillages/coraux

À la banque *U banci*

Où est la banque/le bureau de change le/la plus proche?	**Gdje je najbliža banka/ mjenjačnica?**	dyè yè nay**bli**ja **bann**ka/ **myè**nyatchnitsa
Je voudrais changer des francs en des kunas.	**Želim promijeniti franke u kune.**	**jè**limm promi**yè**niti **fran**kè ou **kou**nè
Quel est le cours du change?	**Kakav je tečaj?**	**ka**kav yè **tè**tchay

À la poste *U pošti*

Je voudrais envoyer ceci …	**Htio (Htjela) bih ovo poslati …**	**hti**o (**htyè**la) bikh ovo **po**slati
par avion	**avionskim putem**	avi**o**nskimm **pou**tèmm
par exprès	**hitno**	**hi**tno
Je voudrais … timbres à 10 kunas.	**Želim … marki od 10 kuna.**	**jè**lim … **mar**ki od **dè**sèt **kou**na
Quel est le tarif d'une lettre pour France?	**Koliko košta marka za pismo za Francusku?**	**ko**liko **ko**chta **mar**ka za **pi**smo za **fran**tsouskou
Y a-t-il du courrier pour moi? Je m'appelle …	**Ima li pošte za mene? Moje ime je ...**	**i**ma li **poch**tè za **mè**nè. **mo**yè **i**mè yè

CHIFFRES, voir page 46

Téléphone *Telefoniranje*

Où se trouve le téléphone public le plus proche?	**Gdje se nalazi najbliža telefonska govornica?**	gdyè sè **na**lazi nay**bli**ja tè**lè**fonnska **go**vornitsa
Avez-vous de la monnaie pour le téléphone?	**Imate li sitnog novca za telefon?**	**i**matè li **si**tnog **nov**tsa za tè**lè**fonn
Puis-je utiliser votre téléphone?	**Mogu li se poslužiti vašim telefonom?**	**mo**gou li sè pos**lou**jiti **va**chim tèlè**fo**nnomm
Allo. C'est …	**Zdravo. Ovdje je …**	**zdra**vo. **o**vdyè yè
Je désire parler à…	**Želim razgo varati sa …**	**jè**limm razgo**va**rati sa
Quand sera-t-il/elle de retour?	**Kada će se on/ona vratiti?**	**ka**da tch^{y}è sè on/**o**na **vra**titi
Veuillez lui dire que j'ai appelé.	**Hoćete li mu/joj reći da sam ja zvao?**	**cho**tch^{y}ètè li mou/yoy **rè**tch^{y}i da samm ya zvao

L'heure et la date *Vrijeme i datum*

Il est …	**Sada je …**	**sa**da yè
une heure cinq	**jedan sat i pet minuta**	**yè**dann sat i pèt mi**nou**ta
trois heures et quart	**tri i četvrt**	tri i **tchè**tv^{e}rt
cinq heures vingt	**pet i dvadeset minuta**	pèt i **dva**dèsèt mi**nou**ta
sept heures et demie	**pola osam**	**po**la **o**ssamm
neuf heures moins vingt-cinq	**dvadeset i pet minuta do devet**	**dva**dèsèt i pèt mi**nou**ta do **dè**vèt
dix heures moins dix	**deset minuta do deset sati**	**dè**sèt mi**nou**ta do **dè**sèt **sa**ti
midi/minuit	**podne/ponoć**	**po**dnè/**po**notch^{y}
le matin	**ujutro**	**ou**youtro
pendant la journée	**tokom dana**	**to**komm **da**na
le soir	**navečer**	**na**vètchèr
la nuit	**noću**	**no**tch^{y}ou

hier	**jučer**	**you**tchèr
aujourd'hui	**danas**	**da**nass
demain	**sutra**	**sou**tra
printemps/été	**proljeće/ljeto**	**pro**lyètch^{y}è/**lyè**to
automne/hiver	**jesen/zima**	**yè**ssèn/**zi**ma

lundi	**ponedjeljak**	po**nè**dyèlyak
mardi	**utorak**	**ou**torak
mercredi	**srijeda**	sri**yè**da
jeudi	**četvrtak**	tchè**tv**^{e}**r**tak
vendredi	**petak**	**pè**tak
samedi	**subota**	**sou**bota
dimanche	**nedjelja**	**nè**dyèlya
janvier	**siječanj**	si**yè**tchany
février	**veljača**	**vè**lyatcha
mars	**ožujak**	**o**jouyak
avril	**travanj**	**tra**vany
mai	**svibanj**	**svi**bany
juin	**lipanj**	**li**pany
juillet	**srpanj**	**s**^{e}**r**pany
août	**kolovoz**	**ko**lovoz
septembre	**rujan**	**rou**yan
octobre	**listopad**	**liss**topad
novembre	**studeni**	**stou**dèni
décembre	**prosinac**	**pro**ssinats

Chiffres *Brojevi*

0	**nula**	**nou**la	11	**jedanaest**	yè**da**naèst
1	**jedan**	**yè**dann	12	**dvanaest**	**dva**naèst
2	**dva**	dva	13	**trinaest**	**tri**naèst
3	**tri**	tri	14	**četrnaest**	tchè**t**^{e}**r**naèst
4	**četiri**	**tchè**tiri	15	**petnaest**	**pèt**naèst
5	**pet**	pèt	16	**šestnaest**	**chèst**naèst
6	**šest**	chèst	17	**sedamnaest**	sè**damm**naèst
7	**sedam**	**sè**damm	18	**osamnaest**	o**ssamm**naèst
8	**osam**	**o**ssamm	19	**devetnaest**	dè**vèt**naèst
9	**devet**	**dè**vèt	20	**dvadeset**	**dva**dèsèt
10	**deset**	**dè**sèt	21	**dvadeset jedan**	**dva**dèsèt **yè**dann

30	**trideset**	**tri**dèsèt
40	**četrdeset**	tchèt^{e}r**dè**sèt
50	**pedeset**	pè**dè**sèt
60	**šezdeset**	chès**dè**sèt
70	**sedamdeset**	sèdamm**dè**sèt
80	**osamdeset**	ossamm**dè**sèt
90	**devedeset**	dèvè**dè**sèt
100/1000	**sto/tisuća**	sto/**ti**soutch^{y}a
premier/deuxième	**prvi/drugi**	**p^{e}r**vi/**drou**gi
une fois/deux fois	**jednom/dvaput**	**yèd**nomm/**dva**pout
une moitié	**pol/polovina**	pol/polo**vi**na

Urgences *Za slučaj nužde*

Appelez la police	**Zovite policiju**	**zo**vitè po**li**tsiyou
Appelez un médecin	**Zovite doktora**	**zo**vitè **dok**tora
Allez-vous en	**Bježi/Idi odavde**	**byè**ji/idi o**dav**dè
AU SECOURS	**U POMOĆ**	ou**po**motch^{y}
Je suis malade	**Bolestan (Bolesna) sam**	**bo**lèstann (**bo**lèsna) samm
Je me suis perdu(e)	**Izgubio (Izgubila) sam se**	iz**gou**bio (iz**gou**bila) samm sè
ATTENTION	**PAZITE**	**pa**zitè
AU VOLEUR	**Zaustavite lopova**	zaous**ta**vitè **lo**pova
On m'a volé …	**Moj … je ukraden**	moy … yè ou**kra**dènn
J'ai perdu …	**Izgubio sam moju ...**	iz**gou**bio samm **mo**you
bagages	**prtljagu**	**p^{e}rtlya**gou
passeport	**putovnicu**	pou**to**vnitsou
sac à main	**torbu**	**tor**bou
Où puis-je trouver un médecin qui parle français?	**Gdje mogu naći doktora koji govori francuski?**	gdyè **mo**gou **na**tch^{y}i **dok**tora **ko**yi **go**vori **fran**tsouski

TÉLÉPHONE, voir page 45

Guide de prononciation croate

Le croate est une variante du serbo-croate parlé en Croatie. Il ressemble au serbe mais en diffère à certains égards: certains mots, certains aspects de la prononciation et aussi l'alphabet – le serbe emploie l'alphabet cyrillique.

Consonnes

Lettre	Prononciation approximative	Symbole	Exemple	
c	comme **ts** dans **ts**ar	ts	**cesta**	**tsès**ta
č	comme **tch** dans **tch**èque	tch	**čuti**	**tchou**ti
ć	comme **tch** dans **tch**èque, mais suivi d'un y rapide	tch^{y}	**ćerka**	**tch^{y}èr**ka
dž	comme **dj** dans **Dj**ibouti	dj	**džem**	djèm
đa	comme **dž,** mais "mouillé"	dj^{y}	**đak**	dj^{y}ak
g	comme **g** dans **g**are	g/gh	**gde**	gdè
			gibanica	**ghi**banitsa
h	**h** aspiré comme dans **h**ache	h/kh	**hleb**	hlèb
			bih	bikh
j	comme **y** dans **y**oga	y	**ja**	ya
r	1) comme un **r** bourgignon	r	**reka**	**rè**ka
	2) peut fonctionner aussi comme une voyelle	^{e}r	**krk**	k^{e}rk
s	comme **s** dans **s**i	s/ss	**sestra**	**sè**stra
			kesu	**kè**ssou
š	comme **ch** dans **ch**ou	ch	**škola**	**chko**la
z	comme **z** dans **z**oo	z	**voz**	voz
ž	comme **g** dans oran**g**e	j	**želim**	**jè**limm

b, d, f, k, l, m, n, p, t, v se prononcent comme en français

Voyelles

a	comme **a** dans ch**a**que	a	**da**	da
e	comme **è** dans g**è**le	è	**deca**	**dè**tsa
i	comme **i** dans s**i**, mais un peu plus ouvert	i	**sir**	sir
o	comme **o** dans p**o**ste, mais un peu plus ouvert	o	**molim**	**mo**lim
u	comme **ou** dans ch**ou**	ou	**kouća**	**kou**tch^{y}a

Estonien

Expressions courantes *Põhiväljendid*

Oui/Non.	**Jaa (Jah)/Ei.**	yaa (yah)/éï
S'il vous plaît.	**Palun.**	**pa**loun
Merci.	**Tänan.**	**tê**nan
Pardon?	**Kuidas, palun.**	**koui**das **pa**loun

Présentations *Tutvumine*

Bonjour (matin).	**Tere hommikust.**	**té**ré **hom**mikoust
Bonjour (après-midi).	**Tere päevast.**	**té**ré **pêé**vast
Salut.	**Tere.**	**té**ré
Bonne nuit.	**Head ööd.**	héad ēūd
Au revoir.	**Head aega.**	héad **aé**ga
Je m'appelle …	**Minu nimi on …**	**mi**nou **ni**mi on
Comment vous appelez-vous?	**Kuidas on teie nimi?**	**koui**das on **téié ni**mi
Comment allez-vous?	**Kuidas läheb?**	**koui**das **lê**héb
Très bien, merci.	**Tänan hästi.**	**tê**nan **hês**ti
Et vous?	**Aga teil?**	**a**ga téïl
D'où êtes-vous?	**Kust te pärit olete?**	koust té **pê**rit **o**lété
Je viens de la/du …	**Ma olen pärit …**	ma **o**lén **pê**rit
Belgique	**Belgiast**	**bél**ghiast
Canada	**Kanadast**	**ka**nadast
France	**Prantsusmaalt**	**prant**sousmaaalt
Suisse	**Šveitsist**	**chvéï**tsist
Je suis avec …	**Ma olen koos oma …**	ma **o**lén kooos **o**ma
femme/mari	**abikaasaga**	**a**bikaasaga
famille	**perekonnaga**	**pé**rékonnaga
enfants	**lastega**	**las**téga
ami/amie	**sõbraga**	**sœ**braga
Je suis seul(e).	**Ma olen üksinda.**	ma **o**lén **uk**sinda
Je suis en vacances/ en voyage d'affaires.	**Ma olen puhkusel/ komandeeringus.**	ma **o**lén **pouh**kousél/ koman**déé**ringous

GUIDE DE PRONONCIATION, voir page 63/URGENCES, voir page 63

Questions *Küsimused*

Où se trouve/ent …?	**Kus on …?**	kous on
Quand?/Comment?	**Millal?/Kuidas?**	**mil**lal/**kouï**das
Quoi?/Pourquoi?	**Mis?/Miks?**	mis/miks
Qui?/Lequel?	**Kes?/Missugune?**	kés/**mis**sougouné
Où puis-je trouver …?	**Kust ma vôiksin leida …?**	koust ma **vœïk**sin **léï**da
À quelle distance?	**Kui kaugel?**	koui **kaou**ghél
Combien de temps?	**Kui kaua?**	koui **kaou**a
Combien?	**Kui palju?**	koui **pal'**you
Puis-je …?	**Kas ma tohin?**	kas ma **to**hin
Puis-je avoir …?	**Kas ma vôin …?**	kas ma vo̅e̅in
Pouvez-vous m'aider?	**Kas te saate mind aidata?**	kas té **saa**té mind **aï**data
Que veut dire ceci?	**Mis see tähendab?**	mis seee **tê**héndab
Je comprends.	**Ma saan aru.**	ma saaan **a**rou
Je ne comprends pas.	**Ma ei saa aru.**	ma éï saaa **a**rou
Pouvez-vous me traduire ceci?	**Kas te oskate seda mulle tôlkida?**	kas té **os**katé **sé**da **moul**llé **tœl'**kida
Parlez-vous français?	**Kas te räägite prantsuse keelt?**	kas té **rêê**ghité **prant**sousé kééélt
Je ne parle pas estonien.	**Ma ei oska eesti keelt.**	ma eï **os**ka **éés**ti kééélt

Autres mots utiles *Kasulikke sônu*

ancien/nouveau	**vana/uus**	**va**na/o̅u̅s
beau/laid	**ilus/kole**	**i**lous/**ko**lé
bon/mauvais	**hea/halb**	héa/halb
bon marché/cher	**odav/kallis**	**o**dav/**kal'**lis
chaud/froid	**kuum/külm**	ko̅u̅m/kul'm
grand/petit	**suur/väike**	so̅u̅r/**vêï**ké
juste/faux	**ôige/vale**	**œï**ghé/**va**lé
libre/occupé	**vaba/kinni**	**va**ba/**kinn**ni
meilleur/pire	**parem/halvem**	**pa**rém/**hal**vém
près/loin	**lähedal/kaugel**	**lê**hédal/**kaou**ghél
prochain/dernier	**järgmine/viimane**	**yêrg**miné/**vii**mané
tôt/tard	**vara/hilja**	**va**ra/**hil'**ya

Hôtel *Hotellis*

J'ai fait réserver.	**Mul on tuba broneeritud.**	moul on **tou**ba bro**néé**ritoud
Voici la confirmation.	**Siin on kinnitus broneerimise kohta.**	siiin on **kin**nitous bro**néé**rimisé **koh**ta
Avez-vous des chambres disponibles?	**Kas teil on vabu kohti?**	kas teïl on **va**bou **koh**ti
Je voudrais une chambre …	**Ma sooviksin … tuba**	ma **soo**viksin … **tou**ba
pour une personne	**ühelist**	**u**hélist
pour deux personnes	**kahelist**	**ka**hélist
avec des lits jumeaux	**kahe voodiga**	**ka**hé **vooo**diga
avec un grand lit	**kaheinimese voodiga**	**ka**héinimésé **vooo**diga
avec salle de bains	**vanniga**	**van'**niga
avec douche	**duššiga**	**dou**chiga
Nous resterons …	**Me peatume …**	mé **péa**toumé
une nuit seulement	**vaid ühe öö**	vaïd **y**hé ēū
quelques jours	**mõned päevad**	**mœ**néd **pê**evad
une semaine (au moins)	**(vähemalt) nädala**	(**vê**hémalt) **nê**dala

Décision *Otsustamine*

Puis-je voir la chambre?	**Kas ma saaksin tuba näha?**	kas ma **saaak**sin **tou**ba **nê**ha
D'accord. Je la prends.	**See sobib. Ma võtan selle.**	sééé **so**bib. ma **vœ**tan **sel**le
Non, elle ne me plaît pas.	**Ei. See ei meeldi mulle.**	éï. sééé éï **méééI**di **moul**llé
Elle est trop…	**See on liiga …**	sééé on **liii**ga
petite/sombre	**väike/pime**	**vêï**ké/**pi**mé
Avez-vous quelque chose de …?	**Kas teil on midagi …?**	kas téïl on **mi**daghi
meilleur/moins cher	**paremat/odavamat**	**pa**rémat/**o**davamat
plus grand	**suuremat**	**souou**rémat
plus tranquille	**vaiksemat**	**vaïk**sémat
Puis-je avoir ma note, s'il vous plaît?	**Ma paluksin arvet?**	ma **pa**louksin **ar**vét
Le séjour a été très agréable.	**Väga meeldiv oli teie juures viibida.**	**vê**ga **méééI**div **o**li **té**ïé **jouou**rés **viii**bida

JOURS DE LA SEMAINE, voir page 62

Restaurant *Restoranis*

Je voudrais réserver une table pour 4 personnes.	**Ma sooviksin reserveerida laua neljale.**	ma **soo**viksin résér**vééé**rida **laou**a **nél'**yalé
Nous viendrons à 8 heures.	**Me tuleme kell kaheksa.**	mé **tou**lémé kélll **ka**héksa
Je voudrais le petit déjeuner/le déjeuner/ le dîner.	**Ma sooviksin hommikusööki/ lõunat/õhtusööki.**	ma **soo**viksin **hom**mikouseūki/ **lœu**nat/**œh**touseūki
Que me recommandez-vous?	**Mida te soovitate?**	**mi**da té **soo**vitaté
Avez-vous des plats végétariens?	**Kas teil on taimetoite?**	kas teïl on **taï**mé**toï**té

Petit déjeuner *Hommikusööki*

Pourrais-je avoir…?	**Ma sooviksin …**	ma **soo**viksin
confiture	**keedist**	**kéé**dist
fromage	**juustu**	**yōū**stou
jambon	**sinki**	**sin**ki
œuf	**muna**	**mou**na
pain	**leiba**	**leï**ba
petits pains	**saiakesi**	**saï**akesi

Hors-d'œuvre *Eelroad*

heeringas	**héé**ringas	hareng
juustu-munasalat küüslauguga	**youous**tou**mou**na**sa**lat **kuuus**laougouga	salade de fromage et d'œufs avec de l'ail
kanalihasalat	**ka**nalihas**a**lat	salade de poulet
kartulisalat	**kar**touli**sa**lat	salade de pommes de terre
krevetisalat	kré**vé**ti**sa**lat	salade de crevettes
roslje	ro**sol**yé	salade de betterave, d'œufs et de pickles
segasalat	**sé**ga**sa**lat	salade composée
soojad võileivad	**soo**yad **vœï**leïvad	sandwiches chauds

CHIFFRES, voir page 62

au four	**küpsetatud**	**kup**sétatoud
bouilli	**keedetud**	**kéé**détoud
en ragoût	**hautatud**	**haou**tatoud
frit/grillé	**praetud/grillitud**	**praé**toud/**gril**litoud
saignant	**kergelt läbiküpsetatud**	**kér**gélt lêbikupsétatoud
à point	**keskmiselt läbiküpsetatud**	**késk**misélt lêbikupsétatoud
bien cuit	**hästi läbiküpsetatud**	**hê**sti lêbikupsétatoud

Viande *Liha*

Je voudrais …	**Ma sooviksin …**	ma **soo**viksin
agneau/bœuf	**lambaliha/loomaliha**	**lamm**baliha/**loo**maliha
porc/veau	**sealiha/vasikaliha**	**séa**liha/**va**sikaliha
biifsteek	**biiif**stéééк	bifteck
grillkana	**grilll**kana	poulet grillé
lambakarbonaad	**lamm**ba**kar**bonaaad	côtelette de mouton
loomalihafilee	**loo**malihafi**léé**	filet de bœuf
praetud vorst hapukapsaga	**praé**toud vorst **ha**pou**kap**saga	saucisse frite et choucroute
sealiha karbonaad	**séa**liha **kar**bonaaad	côte de porc
seapraad	**séapraaad**	rôti de porc
vasikaliha kotlet	**va**sikaliha **kot**let	côtelette de veau

Poissons et fruits de mer *Kala- ja meretoidud*

anguille	**angerjas**	**an**géryas
brochet	**haug**	haoug
perche	**ahven**	**ah**ven
keedetud kala	**kéé**détoud **ka**la	poisson cuit au court-bouillon
praetud karpkala	**praé**toud **karp**kala	carpe frite
praetud lest	**praé**toud lést	carrelet frit

Légumes *Juurvili*

champignon	**seen**	sééén
chou	**kapsas**	**kap**sas

cornichon	**väike marineeritud kurk**	vêïké mari**nééri**toud kourk
haricots verts	**oad**	oad
oignon	**sibul**	**si**boul
petits pois	**herned**	**hér**néd
poireau	**lauk**	laouk
pommes de terre	**kartulid**	**kar**toulid
tomate	**tomat**	**to**mat
omlett juurviljaga	om**létt yōōr**vilyaga	omelette aux légumes
hautatud aedvili	**haou**tatoud **aéd**vili	légumes en cocotte
aedviljasupp	**aéd**vilya**souppp**	soupe de légumes
värskekapsasupp	**vêr**skékapsa**souppp**	soupe au chou

Fruits et desserts *Puuvili ja magustoidud*

banane	**banaan**	ba**naaan**
citron	**sidrun**	**sid**roun
fraises	**maasikad**	**maa**sikad
orange	**apelsin**	**a**pélsin
pomme	**õun**	œun
prune	**ploom**	plooom
jäätis	**yêêê**tis	glace
kohupiimakook	**ko**houpiima**koook**	gâteau au fromage blanc
puuviljakook	**pōō**vilya**koook**	cake
rummikook	**roum**mi**koook**	baba au rhum
tarretis vahukoorega	**tar**rétis vahou**koo**réga	gelée à la Chantilly

Boissons *Joogid*

bière	**õlu**	œlou
café	**kohv**	kohv
noir/au lait	**must/piimaga**	moust/**pii**maga
chocolat (chaud)	**(kuum) kakao**	(kōōm) ka**kao**
eau minérale	**mineraalvesi**	miné**raaalvé**si
jus de fruits	**puuviljamahl**	**pōō**vilya**mahl**
thé	**tee**	tééé
vin blanc/rouge	**valge/punane vein**	**val**ghé/**pou**nané véïn
vodka	**viin**	viiin

Réclamations et l'addition *Pretensioonid*

C'est trop … salé/sucré.	**See on liiga soolane/magus.**	sééé on **liii**ga **soo**lané/**ma**gous
Ce n'est pas ce que j'ai commandé.	**Ma ei tellinud seda.**	ma éï **télll**inoud **sé**da
L'addition, s'il vous plaît.	**Ma sooviksin maksta.**	ma **soo**viksin **maks**ta
Je crois qu'il y a une erreur dans l'addition.	**Ma arvan, et arves on viga.**	ma **ar**van et **ar**vés on **vi**ga
Puis-je payer avec cette carte de crédit?	**Kas ma saan maksta selle krediitkaardiga?**	kas ma saaan **maks**ta **sél**lé kré**diiitkaar**diga
Est-ce que le service est compris?	**Kas teenindus on sisse arvestatud?**	kas **téé**nindous on **siss**sé **ar**véstatoud
C'était très bon, merci.	**Meile meeldis siin, suur tänu.**	**méïéï**lé **mééél**dis siiin sōūr **tê**nou

Excursions *Reisimine*

Avion *Lennuk*

Y a-t-il un vol pour Kuressaare?	**Kas lennukiga saab minna Kuressaarde?**	kas **lén**noukiga saaab **minn**na **ku**résssaaardé
À quelle heure est l'enregistrement?	**Mis kell tuleb end lennukile registreerida?**	mis kélll **tou**léb énd **lén**noukilé réghist**rééé**rida
Je voudrais … ma réservation sur le vol numéro …	**Ma sooviksin … oma broneeringut lennule number …**	ma **soo**viksin … **o**ma bro**néé**ringout **lén**noulé **noumm**bér
annuler/changer	**tühistada/mōū**ta	**tu**histada/**muuta**
confirmer	**kinnitada**	**kin**nitada

Train *Rong*

Je voudrais un billet pour Tartu.	**Ma sooviksin ühte piletit Tartusse.**	ma **soo**viksin **uh**té **pi**létit **tar**tousse
aller simple	**üheotsa piletit**	**u**héotsa **pi**létit
aller-retour	**edasi-tagasi piletit**	édasi **ta**gasi **pi**létit
première/deuxième classe	**esimese/teise klassi piletit**	ésimése/**téï**sé **klas**'si **pi**létit

HEURES, voir page 61

Combien de temps dure le trajet?	**Kui kaua sôit kestab?**	kouï **kaou**a sœït **kés**tab
Quand part le … train pour Tapa?	**Millal läheb … rong Tapale?**	**mil**lal **lê**héb … rong **ta**palé
premier/prochain	**esimene/järgmine**	**é**siméné/**yêrg**miné
dernier	**viimane**	**vii**mané
C'est bien le train pour Riga, n'est-ce pas?	**Kas see rong läheb Riiga?**	kas séée rong **lê**héb **rii**iga

Bus—Tram *Buss—Tramm*

Quel bus va au centre-ville?	**Missugune buss sôidab kesklinna?**	**mis**sougouné bousss' sœïdab **késklinn**na
Quel est le prix du trajet jusqu'à …?	**Kui palju maksab pilet?**	koui **pal**you **mak**sab **pi**lét
Pourriez-vous me dire quand je dois descendre?	**Palun öelge kus ma pean väljuma?**	**pa**loun **euél**ghé kous ma péan **vêl**youma

Taxi *Takso*

Quel est le tarif pour …?	**Kui palju maksab sôit …?**	koui **pal**you **mak**sab sœït
Conduisez-moi à cette adresse.	**Viige mind sel aadressil.**	**vii**ghé mind séll **aad**réssil

Location de voitures *Auto üürimine*

Je voudrais louer une voiture.	**Ma sooviksin üürida autot.**	ma **soo**viksin **uuu**rida **aou**tot
Je la voudrais pour un jour/ une semaine.	**Ma sooviksin seda üheks päevaks/ nädalaks.**	ma **soo**viksin **sé**da **u**héks **pêé**vaks/ **nê**dalaks
Où est la station-service la plus proche?	**Kus on lähim bensiinijaam?**	kous on **lê**him bén**sii**ni**yaam**
Le plein, s'il vous plaît.	**Täispaak, palun.**	**têis**paaak **pa**loun
Donnez-moi … litres d'essence.	**Andke mulle … liitrit bensiini.**	**and**ké **moull**lé … **liiit**rit bén**siii**ni
Comment-puis-je aller à …?	**Kuidas ma saan …?**	**koui**das ma saaan
Je suis tombé en panne à …	**Mul läks auto katki …**	moul lêks **aou**to **katt'**ki

CHIFFRES, voir page 62

Pouvez-vous envoyer un mécanicien?	**Kas te saate saata mehaaniku?**	kas té **saaté saaa**ta mé**haa**nikou
Pourriez-vous réparer ce pneu?	**Kas te saate selle kummi ära parandada?**	kas té **saaté séll**é **koum**mi **ê**ra **pa**randada

☞ Vous êtes sur la mauvaise route.	**Te olete valel tänaval.**	☜
Allez tout droit.	**Minge otse edasi.**	
C'est là-bas à …	**See on siit edasi**	
gauche/droite	**vasakul/paremal**	
en face de/derrière …	**vastas/taga …**	
à côté de/au-delà de …	**kõrval/pärast …**	
nord/sud/est/ouest	**põhjas/lõunas/idas/läänes**	

Visites touristiques *Vaatamisväärsused*

Où se trouve le syndicat d'initiative?	**Kus asub turismibüroo?**	kous **a**soub tou**rism**ibu**rooo**
Que faut-il visiter avant tout?	**Mis on peamised vaatamisväärsused?**	mis on **péa**miséd **vaaa**tamis**vêêêr**suséd
Y a-t-il un guide qui parle français?	**Kas teil on prantsuse keelt kõnelev giid?**	kas téïl on **prant**sousé kéééIt **kœ**nélév ghiiid
Où se trouve/ent …?	**Kus on …?**	kous on
cathédrale	**katedraal**	**ka**tédraaal
centre (de la ville)	**linnakeskus**	**lin**na**kés**kous
château	**kindlus**	**kind**lous
jardin zoologique	**loomaaed**	**loo**maaéd
jardins botaniques	**botaanikaaed**	bo**taa**nika**aéd**
magasins	**poed**	poéd
marché	**turg**	tourg
musée	**muuseum**	**mōū**séoum
plage	**rand**	rand
port	**sadam**	**sa**dam
À quelle heure ouvre/ferme-t-il/elle?	**Mis kell see avatakse/suletakse?**	mis kélll sééé **a**vataksé/ **sou**létaksé
Combien coûte l'entrée?	**Kui palju on sissepääs?**	koui **pal'**you on **sis**sepêêês

HEURES, voir page 61

Divertissements *Meelelahutus*

Que joue-t-on au Théâtre …?	**Mida mängitakse … teatris?**	**mi**da **mên**ghitaksé … **téat**ris
Combien coûtent les places?	**Kui palju maksab pilet?**	koui **pal**you **mak**sab **pi**lét
Voulez-vous sortir avec moi ce soir?	**Kas te sooviksite täna koos minuga ôhtut veeta?**	kas té **soo**viksité **tê**na kooos **mi**nouga **œh**tout **vééé**ta
Y a-t-il une discothèque en ville?	**Kas linnas on disko?**	kas **lin**nas on **dis**ko
Voulez-vous danser?	**Kas te soovite tantsida?**	kas té **soo**vité **tan'ts**ida
Merci, j'ai passé une merveilleuse soirée.	**Tänan. Oli suurepärane ôhtu.**	**tê**nan **o**li **suu**répêrané **œh**tou

Magasins et services *Poed ja teenused*

Où est … le/la plus proche?	**Kus on lähim …?**	kous on **lê**him
boucherie	**lihakauplus**	**li**ha**kaoup**lous
boulangerie	**leivapood**	**léï**va**poood**
bureau de poste	**postkontor**	**postkontor**
coiffeur	**juuksur**	**jouuk**sour
dentiste	**hambaarst**	**hamb**a**arst**
épicierie	**toidupood**	**toï**doou**poood**
grand magasin	**kaubamaja**	**kaou**bamaya
librairie	**raamatukauplus**	**raa**matou**kaoup**lous
magasin de souvenirs	**suveniiripood**	souvé**nii**ri**poood**
marchand de journaux	**ajaleheäri**	**a**yaléhéêri
pharmacie	**apteek**	**ap**téééк
supermarché	**suur toidukauplus (supermarket)**	soour **toï**dou**kaoup**lous (**sou**per**mar**ket)

Expressions générales *Üldväljendid*

Où se trouve le quartier commerçant?	**Kus on peamine ostukeskus?**	kous on **péa**miné **os**tou**kés**kous
Avez-vous …?	**Kas teil on …?**	kas téïl on
Pouvez-vous me montrer ceci/cela?	**Palun näidake mulle seda?**	**pa**loun **nêi**daké **moul**lé **sé**da

CHIFFRES, voir page 62/DATE, voir page 61

N'auriez-vous pas quelque chose de …?	**Kas teil on midagi …?**	kas téïl on **mi**daghi
mieux/moins cher	**paremat/odavamat**	**pa**rémat/**o**davamat
plus grand/plus petit	**suuremat/väiksemat**	**souou**rémat/**vêik**sémat
Puis-je l'essayer?	**Kas ma vôin seda selga proovida?**	kas ma vœïn **sé**da **sél'**ga **prooo**vida
Combien coûte ceci?	**Kui palju see maksab?**	koui **pal'**you sééé **mak**sab
Pourriez-vous l'écrire, s'il vous plaît?	**Palun kirjutage see üles.**	**pa**loun **kir**youtaghé sééé **u**lés
Non, cela ne me plaît pas.	**Ei, mulle see ei meeldi.**	éï **moull**lé sééé éï **mééél**di
Je le prends.	**Ma vôtan selle.**	ma **vœ**tan **sél**lé
Acceptez-vous les cartes de crédit?	**Kas ma saan maksta krediitkaardiga?**	kas ma saaan **mak**sta kré**diiit-kaar**diga

blanc	**valge**	**val**ghé	noir	**must**	moust
bleu	**sinine**	**si**niné	orange	**oranž**	o**ranj**
brun	**pruun**	pro͞un	rouge	**punane**	**pou**nané
jaune	**kollane**	**kol**lané	vert	**roheline**	**ro**héliné

Je voudrais acheter …	**Ma soovin osta …**	ma **soo**vin **o**sta
aspirine	**aspiriini**	aspi**riii**ni
crème solaire	**päevituskreemi**	**pêê**vitous**kréééé**mi
dentifrice	**hambapastat**	**hamm**ba**pas**tat
journal français/canadien	**ajalehte prantsuse/kanada**	**a**yaléhté **prant**sousé/**ka**nada
piles	**patareisid**	**pa**taréïsid
savon	**seep**	sééép
shampooing	**šampooni**	cham**pooo**ni
un demi-kilo de pommes	**pool kilo ôunu**	poool **ki**lo **œou**nou
un litre de lait	**ühe liitri piima**	**u**hé **liii**tri **piii**ma
Je voudrais une pellicule … pour cet appareil.	**Ma sooviksin … filmi selle fotoaparaadi jaoks.**	ma **soo**viksin … **fil**mi **sél**lé **foto**a**paraadi** yaoks
en noir et blanc	**must-valget**	**moust**-**val**gét
en couleurs	**värvi**	**vêr**vi

Une coupe de cheveux, s'il vous plaît.	**Ma sooviksin lasta juukseid lôigata.**	ma **soo**viksin **las**ta **yououk**séïd **lœï**gata

Souvenirs *Suveniirid*

laudlina	**laoud**-lina	nappe
linikute komplekt	linikouté kom**plékt**	serviettes de table
merevaigust kee	mérévaïgoust kééé	collier d'ambre
postkaardid	**post-kaar**did	cartes postales
rahvariietes poiss	**rah**variiétés poïsss	poupée masculine en costume folklorique
rahvariietes tüdruk	**rah**variiétés **tud**rouk	poupée féminine en costume folklorique
rätik	**rê**tik	foulard
savinôud	**savinœud**	poterie

À la banque *Pangas*

Où est la banque/le bureau de change le/la plus proche?	**Kus on lähim pank/ valuutavahetus?**	kous on **lê**him pank/ va**louou**ta**va**hétous
Je voudrais changer des francs/dollars en des kroons.	**Ma soovin vahetada frangid/dollareid kroonideks.**	ma **soo**vin **va**hétada **fran**ké/**dol**lareid **krooo**nidéks
Quel est le cours du change?	**Mis on vahetuskurss?**	mis on vahétous**kourss**

À la poste *Postkontoris*

Je voudrais envoyer ceci …	**Ma soovin selle saata …**	ma **soo**vin **sel**lé **saaa**ta
par avion	**lennupostiga**	**lén**nou**pos'**tiga
par exprès	**kiirpostiga**	**kiiir-pos'**tiga
recommandé	**tähitud kirjana**	**tê**hitoud **kir**yana
Je voudrais … timbres à 2 kroons.	**Ma soovin … kahekroonilisi marke.**	ma **soo**vin … **kahkroo**nilisi **mar**ké
Quel est le tarif d'une lettre pour France?	**Kui palju maksab mark kirjale Prantsusmaale?**	kouï **pal'**you **mak**sab mark **kir**yalé **prant**sousmaaalé
Y a-t-il du courrier pour moi? Je m'appelle …	**Kas mulle on posti? Mu nimi on …?**	kas **moulll**é on **pos'**ti mou **ni**mi on

CHIFFRES, voir page 62

Puis-je envoyer un télégramme/téléfax?	**Ma soovin saata telegrammi/faxi.**	ma **soo**vin **saaa**ta **té**légrammmi/**fak**si

Téléphone *Helistamine*

Où se trouve le téléphone public le plus proche?	**Kus on lähim avalik telefon?**	kous on **lê**him **a**valik **té**léfon
Puis-je utiliser votre téléphone?	**Kas ma tohin kasutada teie telefoni?**	kas ma **to**hin **ka**soutada **téïe té**léfoni
Allo. C'est …	**Hallo. Siin räägib.**	**hal**lo. siiin **rêê**gib
Je désire parler à…	**Ma soovin rääkida ...**	ma **soo**vin **rêêê**kida
Quand sera-t-il/elle de retour?	**Millal ta tagasi tuleb?**	**mil**lal ta **ta**gasi **tou**léb
Veuillez lui dire que j'ai appelé.	**Palun öelge talle, et ma helistasin?**	**pa**loun **euél**ghé **tall**lé ét ma **hé**listasin

L'heure et la date *Kellaaeg ja kuupäev*

Il est …	**Kell on …**	kelll on
une heure cinq	**viis minutit üks läbi**	viiis **mi**noutit uks **lê**bi
trois heures et quart	**veerand neli**	**vééer**and **né**li
cinq heures vingt	**kakskümmend minutit viis läbi**	**kaks**kumménd **mi**noutit viiis **lê**bi
sept heures et demie	**pool kaheksa**	poool **ka**héksa
neuf heures moins vingt-cinq	**kahekümne viie minuti pärast üheksa**	**ka**hékumné **viié mi**nouti **pê**rast **u**héksa
dix heures moins dix	**kümne minuti pärast kümme**	**kum**né **mi**nouti **pê**rast **kum**mé
midi	**kaksteist päeval**	**kaks**téïst **pêé**val
minuit	**kaksteist öösel**	**kaks**téïst **eu**sél
le matin	**hommikul**	**hom**mikoul
pendant la journée	**päeval**	**pêé**val
le soir	**õhtul**	**œh**toul
la nuit	**öösel**	**eu**sél
hier	**eile**	**éï**lé
aujourd'hui/demain	**täna/homme**	**tê**na/**hom**mé
printemps/été	**kevad/suvi**	**ké**vad/**sou**vi
automne/hiver	**sügis/talv**	**su**ghis/tal'v

lundi	**esmaspäev**	**és**maspêév
mardi	**teisipäev**	**téï**sipêév
mercredi	**kolmapäev**	**kol**mapêév
jeudi	**neljapäev**	**nél**yapêév
vendredi	**reede**	**rééé**dé
samedi	**laupäev**	**laou**pêév
dimanche	**pühapäev**	**pu**hapêév
janvier	**jaanuar**	**yaaa**nouar
février	**veebruar**	**vééé**brouar
mars	**märts**	mêrts
avril	**aprill**	ap**rilll**
mai	**mai**	maï
juin	**juuni**	**youou**ni
juillet	**juuli**	**youou**l'i
août	**august**	**aou**goust
septembre	**september**	sép**tém**bér
octobre	**oktoober**	ok**tooo**bér
novembre	**november**	no**vém**bér
décembre	**detsember**	dét**sém**bér

Chiffres *Arvud*

0	**null**	noulll'	11	**üksteist**	**uks**téïst
1	**üks**	uks	12	**kaksteist**	**kaks**téïst
2	**kaks**	kaks	13	**kolmteist**	**kolm**téïst
3	**kolm**	kolm	14	**neliteist**	**né**litéïst
4	**neli**	**né**li	15	**viisteist**	**viiis**téïst
5	**viis**	viiis	16	**kuusteist**	**ko̅u̅s**téïst
6	**kuus**	ko̅u̅s	17	**seitseteist**	**séït**sétéïst
7	**seitse**	**séït**sé	18	**kaheksateist**	**ka**héksatéïst
8	**kaheksa**	**ka**héksa	19	**üheksateist**	**u**héksatéïst
9	**üheksa**	**u**héksa	20	**kakskümmend**	**kaks**kumménd
10	**kümme**	**kum**mé	21	**kakskümmend üks**	**kaks**kumménd uks

30	**kolmkümmend**	**kolm**kumménd
40	**nelikümmend**	**né**likumménd
50	**viiskümmend**	**viiis**kumménd
60	**kuuskümmend**	**ko̅u̅s**kumménd
70	**seitsekümmend**	**séït**sékumménd
80	**kaheksakümmend**	**ka**héksakumménd

90	**üheksakümmend**	**u**héksakumménd
100/1000	**sada/tuhat**	sada/**tou**hat
premier/deuxième	**esimene/teine**	ésiméné/**téï**né
une fois/deux fois	**ükskord/kaks korda**	**uks**kord/kaks **kor**da
trois fois	**kolm korda**	kolm **kor**da
une moitié/un tiers	**pool/veerand**	poool/**véé**rand

Urgences *Hädaolukord*

Appelez la police	**Kutsuge politsei**	**kout**soughé **po**litséï
Appelez un médecin	**Kutsuge arst**	**kout**soughé arst
AU SECOURS	**APPI**	**app**pi
Je suis malade	**Ma olen haige**	ma **o**lén **haï**ghé
Je me suis perdu(e)	**Ma olen ära eksinud**	ma **o**lén **ê**ra **ék**sinoud
Laissez-moi tranquille	**Jätke mind rahule**	**yêt**ké mind **ra**houlé
AU VOLEUR	**PEATAGE VARAS**	**péa**taghé **va**ras
On m'a volé …	**Minu … on ära varastatud.**	**mi**nou … on **ê**ra **va**rastatoud
J'ai perdu …	**Ma olen oma … ära kaotanud.**	ma **o**lén **o**ma **ê**ra **kao**tanoud
portefeuille/sac à main	**rahakoti/käekoti**	**ra**hakoti/**kêê**koti
Où puis-je trouver un médecin qui parle français?	**Kust ma vôiksin leida arsti, kes räägib prantsuse keelt?**	koust ma **vœï**ksin **léï**da **ars**ti kés **rêê**ghib **prant**sousé kéééIt

Guide de prononciation estonienne

Notes:

1) Les sons estoniens peuvent être courts, longs et extra-longs, notés respectivement par un symbole simple, double ou triple (**a**, **aa**, **aaa**). **ö**, **ô** et **u** extra-longs sont notés respectivement **$\overline{\text{eu}}$**, **$\overline{\text{oe}}$** et **$\overline{\text{ou}}$**.
2) Quelques consonnes estoniennes (**t**, **d**, **n**, **l**, **s**), sont palatalisées dans certains mots. La palatalisation signifie que la consonne est modifiée par un court son **y**.
3) Il y a beaucoup de diphtongues en estonien (**ai**, **ei**, **oi**, **ui**, **äi**, **öi**, **üi**, **ae**, **oe**, **ôe**, **äe**, **öe**, **ao**, **eo**, etc.). Dans ce guide on utilise le tréma sur la deuxième voyelle de la diphtongue, si autrement elle était pronon-

TÉLÉPHONE, voir page 61

cée par un seul son en français. La première voyelle de la diphtongue est toujours courte.

4) Certaines lettres (**c**, **f**, **g**, **š**, **w**, **y**, **ž**) n'apparaissent que dans des mots empruntés ou des noms propres.
5) L'accent principal tombe généralement sur la première syllabe. Les mots polysyllabiques ont un ou plusieurs accents supplémentaires, normalement sur la troisième ou la cinquième syllabe.

Consonnes

Lettre	Prononciation approximative	Symbole	Exemple	
c	comme **ts** dans tsar	ts	**Celsius**	**tsél**sious
g	comme **g** dans **g**arde	g, gh	**mage**	**ma**ghé
h	**h** aspiré comme dans **h**ache	h	**hobune**	**ho**bouné
j	comme **y** dans **y**aourt	y	**jalg**	yalg
k	comme **k** dans **k**ilo	k	**kaal**	kaaal
q	comme **q** dans co**q**	k	**Malmqvist**	**malm**kvist
r	comme le **r** bourguignon	r	**raha**	**ra**ha
s	comme **s** dans **s**ur	s	**saun**	saoun
š	comme **ch** dans **ch**at	ch	**šampoon**	cham**pooon**
w	comme **v** dans **v**in	v	**Wiklar**	**vik**lar
x	comme **x** dans vexer	ks	**Max**	maks
z	1) comme **z** dans a**z**ur	z	**zen**	zenn
	2) comme **ts** dans **ts**ar	ts	**Zürich**	**tsu**rih
ž	comme **j** dans **j**our	j	**garaaž**	ga**raaaj**

b, **d**, **f**, **l**, **m**, **n**, **p**, **t**, **v** se prononcent comme en français

Voyelles

a	comme **â** dans **â**ne	a	**abi**	**a**bi
e	comme **é** dans rép**é**ter	é	**edu**	**é**dou
i	comme **i** dans **i**ci	i	**ise**	**i**sé
o	comme **o** dans p**o**rte	o	**odav**	**o**dav
u	comme **ou** dans m**ou**	ou	**uni**	**ou**ni
õ	à peu près comme **eu** dans fl**eu**r	œ	**õrn**	œrn
ä	à peu près entre **ê** dans même et **in** dans v**in**	ê	**ära**	**ê**ra
ö	comme **eu** dans bl**eu**	eu	**köha**	**keu**ha
ü	comme **u** dans **u**ne	u	**üks**	uks

Hongrois

Expressions courantes *Alapvető kifejezések*

Oui/Non.	**Igen/Nem.**	iguènn/nèmm
S'il vous plaît.	**Kérem.**	**kéé**rèmm
Merci.	**Köszönöm.**	**keu**sseuneumm
Pardon?	**Tessék?**	**tèch-**chéék

Présentations Bevezetés

Bonjour (matin).	**Jó reggelt!**	yoo **règ**-guèltt
Bonjour (après-midi).	**Jó napot!**	yoo **nà**pott
Bonne nuit.	**Jó éjszakát!**	yoo **ééï**ssàkaatt
Au revoir.	**Viszontlátásra!**	**vi**ssonnt**laa**taachrà
Je m'appelle …	**… vagyok.**	**… và**dyyok
Enchanté(e).	**Örülök, hogy megismerhetem.**	**eu**ruleuk hodyy **mèg**-ichmèrhètèmm
Comment vous appelez-vous?	**Hogy hívják?**	hodyy **hiiv**yaak
Comment allez-vous?	**Hogy van?**	hodyy vànn
Très bien, merci.	**Köszönöm jól.**	**keu**sseuneumm yool.
Et vous?	**És ön?**	éé**ch** eunn
D'où êtes-vous?	**Honnan jött?**	**honn**-nànn yeutt-t
Je viens de la/du …	**…-ból/ből jöttem.**	… -bool/-beül **yeu**tèmm
Belgique	**Belgium**	**bèl**gui-oumm
Canada	**Kanada**	**kà**nàdà
France	**Franciaország**	**frànn**tsià-orrssaag
Suisse	**Svájc**	chvèïts
Je suis avec …	**… vagyok.**	**… và**dyyok
femme	**A feleségemmel**	à **fè**lèchééguèmm-mèl
mari	**A férjemmel**	à **féérr**yèmm-mèl
famille	**A családommal**	à **tchà**laadomm-màl
ami	**A barátommal**	à **bà**raatomm-màl
amie	**A barátnőmmel**	à **bà**raatneüm-mèl

GUIDE DE PRONONCIATION, voir page 79/URGENCES, voir page 78

Je suis en vacances/ voyage d'affaires.	**Szabadságon/ Üzleti úton vagyok.**	**sà**bàtch-tchaagonn/ **uz**lèti **oü**tonn **và**dyyok

Questions *Kérdések*

Quand?/Comment?	**Mikor?/Hogy?**	**mi**korr/**ho**dy
Quoi?/Pourquoi?	**Mi?/Miért?**	mi/**mi**éértt
Qui?/Quel?	**Ki?/Melyik?**	ki/**mè**-yik
Où se trouve/ent …?	**Hol van/vannak …?**	hol vànn/**vànn**-nàk
Où puis-je trouver …?	**Hol kaphatok …?**	hol **tkàp**-hàtok
À quelle distance?	**Milyen messze?**	**mi**-yènn mèss-sè
Combien de temps?	**Mennyi ideig?**	**mènyy**-nyyi **i**dèig
Combien?	**Mennyi?**	**mènyy**-nyyi
Pouvez-vous m'aider?	**Segítene?**	**chè**guiitènè
Je comprends.	**Értem.**	**éérr**tèmm
Je ne comprends pas.	**Nem értem.**	nèmm **éérr**tèmm
Pouvez-vous me traduire ceci?	**Lefordítaná ezt nekem?**	**lè**forrdiitànaa èst **nè**kèmm
Parlez-vous français?	**Beszél franciául?**	**bè**sséél **frànn**tsiaa-oull
Je ne parle pas hongrois.	**Nem tudok magyarul.**	nèmm **tou**dok **mà**dyyàroull

C'est … *Ez …*

bon/mauvais	**jó/rossz**	yoo/ross-s
bon marché/cher	**olcsó/drága**	**ol**tchoo/**draa**gà
chaud/froid	**meleg/hideg**	**mè**lèg/**hi**dèg
grand/petit	**nagy/kicsi**	nàdyy/**ki**tchi
juste/faux	**helyes/helytelen**	**hè**-yèch/**hèï**tèlènn
libre/occupé	**szabad/foglalt**	**sà**bàdd/**fogl**àltt
meilleur/pire	**jobb/rosszabb**	yobb-b/**ross**-sàbb-b
près/loin	**közel/távol**	**keu**zèl/**taa**vol
tôt/tard	**korán/késon**	**ko**raann/**kéé**cheünn

Hôtel *Szálloda*

J'ai fait réserver.	**Előre foglaltam szobát.**	èleürè **fog**làltàmm **so**baatt
Avez-vous des chambres disponibles?	**Van szabad szobájuk?**	vànn **sà**bàd **so**baa-youk
Je voudrais une chambre …	**Szeretnék egy … szobát.**	**sè**rètnéék èdyy … **so**baatt
pour une personne	**egyágyas**	**èdyy-dyy**-aadyyàch
pour deux personnes	**kétágyas**	**kéét**aadyyàch
avec des lits jumeaux	**ikerággyal**	**i**kèraadyy-dyyàl
avec un grand lit	**franciaággyal**	**frànn**tsià-aadyy-dyyàl
avec bain	**fürdőszobás**	**furr**deü-sobaavàl
avec douche	**zuhanyzós**	**zou**hànyy-zoovàl
Nous resterons …	**… maradunk.**	**mà**ràdounnk
une nuit seulement	**Csak egy éjszakára**	tchàk èdyy **ééï**ssàkaarà
quelques jours	**Néhány napig**	**néé**haanyy **nà**pig
une semaine	**Egy hétig**	èdyy **héé**tig

Décision *Döntés*

Puis-je voir la chambre?	**Láthatnám a szobát?**	**laatt**-hàtnaamm à **so**baatt
D'accord. Je la prends.	**Ez jó lesz. Kiveszem.**	èz yoo lèss-s. **ki**vèssèmm
Non, elle ne me plaît pas.	**Nem. Ez nem tetszik.**	nèm. èz nèmm **tèts**-tsik
Elle est trop …	**Túl …**	toül
bruyante	**zajos**	**zà**-yoch
petite/sombre	**kicsi/sötét**	kitchi/**cheu**téétt
N'avez-vous rien de …?	**Volna valami …?**	**vol**nà **và**làmi
moins cher	**olcsóbb**	**ol**tchoob-b
plus grand	**nagyobb**	**nà**dyyob-b
plus tranquille	**csendesebb**	**tchènn**dèchèb-b
Puis-je avoir ma note, s'il vous plaît?	**Kérem a számlámat.**	**kéé**rèmm à **saam**laamàtt
Le séjour a été très agréable.	**Nagyon jól éreztük magunkat.**	**nà**dyyonn yool **éé**rèsstuk **mà**gounnkàtt

JOURS DE LA SEMAINE, voir page 77

Restaurant *Étzezés*

Je voudrais réserver une table pour 4 personnes.	**Négy fő részére szeretnék asztalt foglalni.**	néédyy feü **réé**sséérè sèrètnéék **à**stàltt **fog**làlni
Nous viendrons à 8 heures.	**Nyolc órakor jövünk.**	nyyolts **oo**ràk-korr **yeu**vunkk
Je voudrais le petit déjeuner/ le déjeuner/ le dîner.	**Reggelizni/ ebédelni/ vacsorázni szeretnék.**	**règ**-guèlizni/ **è**béédèlni/ **và**tchoraazni **sè**rètnéék
Que me recommandez-vous?	**Mit ajánlana?**	mitt **à**-yaanlànà
Avez-vous des plats végétariens?	**Van vegetariánus ételük?**	vànn **vè**guètàriaanouch **éé**tèluk

Petit déjeuner *Reggeli*

Pourrais-je avoir …?	**Kérnék …**	**kéérr**néék
beurre/confiture	**vajat/lekvárt**	**và**-yàtt/**lèk**vaartt
fromage	**sajtot**	**chàï**tott
jambon	**sonkát**	**chon**kaatt
œuf	**tojást**	**to**-yaacht
pain	**kenyeret**	**kè**nyyèrètt
petits pains	**zsemlét**	**jeumm**léétt

Hors-d'œuvre *Előételek*

alföldi saláta	**àl**feuldi **chà**laatà	salade à la saucisse
levest	**lè**vècht	potage
libamáj rizottó	**li**bàmaaï **ri**zott-too	risotto au foie d'oie
rántott sajt	**raann**tott-t chàïtt	fromage frit

Viande *Hús*

Je voudrais …	**… kérek.**	**… kéé**rèk
agneau	**Bárányhúst**	**baa**raanyy-hoücht
bœuf	**Marhahúst**	**màrr**-hà-hoücht
porc	**Disznóhúst**	**diss**noo-hoücht
poulet/canard	**Csirke/Kacsa**	**tchirr**kè/**kà**tchà

CHIFFRES, voir page 78

bécsi szelet	**béé**tchi-sèlètt	escalope de veau panée
borjúpörkölt	**borr**you-peurrkeultt	ragoût de veau
cigányrostélyos	**tsi**gaanyy-rochtéé-yoch	steak à la sauce brune
erdélyi tokány	**èrr**déé-yi-**to**kaanyy	lanières de bœuf braisé
gulyás	**gou**yàch	goulasch
rablóhús nyárson	**ràb**loo-hoüch **nyyaarr**chonn	brochette de porc, d'oignons et de veau

au four/bouilli	**sült/főtt**	chultt/feütt-t
en ragoût	**főtt**	feütt-t
frit/grillé	**sült/roston sült**	chultt/**roch**tonn-chultt
saignant	**félig átsütve**	**féé**lig **aatt**-chutvè
à point	**közepesen atsütve**	**keu**zèpèch-chènn **aatt**-chutvè
bien cuit	**jól atsütve**	yool **aatt**-chutvè

Poissons *Halételek*

brochet	**csuka**	**tchou**kà
sterlet	**kecsege**	**kè**tchèguè
truite	**pisztráng**	**pi**straangg
csuka tejfölben sütve	**tchou**kà **tèï**feulbènn **chut**vè	brochet frit avec de la crème aigre
halfatányéros	hàl **fà**taanyyééroch	poissons à la sauce tartare
rác ponty	**raats**-ponyy-tyy	carpe à crème aigre

Légumes *Zöldségek*

champignon	**gomba**	**gomm**bà
chou	**káposzta**	**kaa**postà
haricots verts	**bab**	bàb
oignon	**hagyma**	**hàdyy**mà
petits pois	**zöldborsó**	**zeuldd**-borsoo
pommes de terre	**burgonya**	**bourr**gonyyà
tomate	**paradicsom**	**pà**ràditchomm
galuska	**gà**louchkà	pâtes
gombapaprikás	**gomm**bà-pàprikà	champignons au paprika
kaszinó tojás	**kà**ssinoo-to-yaach	œufs mayonnaise
tejfeles bableves	**tèï**fèlèch **bàb**lèvèch	soupe aux haricots

Fruits—desserts *Gyümölcsök—édességek*

banane	**banán**	**bà**naann
citron	**citrom**	**tsit**romm
fraises	**eper**	**è**pèrr
orange	**narancs**	**nà**rànntch
pomme	**alma**	**àl**mà
prune	**szilva**	**sil**và
dobostorta	**do**boch-torrtà	gâteau fourré à la crème de chocolat
fagylalt	**fàdyy**làlt	glace
Gundel palacsinta	**gounn**dèl-pàlàtchinntà	crêpe fourrée
kapros túrós rétes	**kàp**roch **toü**rooch-réétèch	«strudel» fourré au lait caillé et à l'aneth
torta	**torr**tà	gateau

Boissons *Italok*

bière	**sör**	cheurr
café	**kávé**	**kaa**véé
noir/au lait	**fekete/tejjel**	**fè**kètè/**tèï**-yèl
chocolat (chaud)	**kakaó**	**kà**kàoo
eau minérale	**ásványvíz**	**aach**vaanyy-viiz
jus de fruits	**gyümölcslé**	**dyyu**meultch-léé
thé	**tea**	**tè**à
vin	**bor**	borr
blanc/rouge	**fehér/vörös**	**fè**héérr/**veu**reuj

Réclamations et l'addition *Panaszok és fizetés*

C'est trop … amer/sucré	**Túl … keserű/édes**	toüll **kè**chèru/**éé**dèch
Ce n'est pas ce que j'ai commandé.	**Nem ezt rendeltem.**	nèmm èsst **rènn**dèltèmm
L'addition, s'il vous plaît.	**Fizetni szeretnék.**	**fi**zètni **sè**rètnéék
Je crois qu'il y a une erreur dans l'addition.	**Azt hiszem, hibás a számla.**	àsst **hi**ssèmm **hi**baach à **saam**là
C'était très bon, merci.	**Nagyon ízlett, köszönjük.**	**nà**dyyonn **iiz**lètt-t **keu**sseunyy-nyyuk

CHIFFRES, voir page 78

Excursions *Utazás*

Avion *Repülőgép*

Y a-t-il un vol pour Pécs?	**Van repülőġĕpjárat Pécsre?**	vànn **rè**puleüguéép-yaaràtt **pètch**rè
À quelle heure est l'enregistrement?	**Mikor kell bejelentkeznem?**	**mi**korr kèl-l **bè**-yèlènntkèznèmm
Je voudrais … ma réservation.	**Szeretném … a jegyfoglalásomat.**	**sè**rètnéémm … à **yèdyy**-foglàlaachomàtt
annuler	**töröltetni**	**teu**reultètni
changer	**megváltoztatni**	**mèg**vaaltostàtni
confirmer	**megerősíteni**	**mèg**-èreüchiitèni

Train *Vonat*

Je voudrais un billet pour Szeged.	**Szegedre kérek egy jegyet.**	**sè**guèdrè **kéé**rèk èdyy **yè**dyyètt
aller simple	**csak oda**	tchàk **o**dà
aller-retour	**oda-vissza**	odà-**viss**-sà
première classe	**első osztályra**	**èl**cheü **os**taaïrà
deuxième classe	**másodosztályra**	**maa**chod-**ost**aaïrà
Quand part le … train pour Siófok?	**Mikor indul … vonat Siófokra?**	**mi**korr **inn**doull … **vo**nàtt **chi**oofokrà
premier	**az első**	àz **èl**cheü
prochain	**a következő**	àz **keu**vètkèzeü
dernier	**az utolsó**	à **ou**tolchoo
C'est bien le train pour Eger, n'est-ce pas?	**Ez a vonat megy Egerbe?**	èz à **vo**nàtt mèdyy **è**guèrrbè

Bus—Tram *Autóbusz—Villamos*

Quel bus va au centre-ville?	**Melyik busz megy a városközpontba?**	**mè**-yik bouss mèdyy à **vaa**roch-keussponntbà
Quel est le prix du trajet jusqu'à …?	**Mennyibe kerül az út …-ig?**	**mènyy**-nyyibè **kè**rul àz oütt … -ig
Pourriez-vous me dire quand je dois descendre?	**Szólna mikor kell leszállnom?**	**sool**nà **mi**korr kèl-l **lè**ssaalnomm

Taxi *Taxi*

Quel est le tarif pour …?	**Mennyi a viteldíj …-ig?**	**mènyy**-nyyi à **vi**tèldiiy …-ig
Conduisez-moi à cette adresse.	**Kérem, vigyen el erre a címre.**	**kéé**rèmm **vi**dyyènn èl **èrr**-rè à **tsiim**rè
Arrêtez-vous ici, s'il vous plaît.	**Kérem, itt álljon meg.**	**kéé**rèmm itt-t **aaï**-yonn mèg

Location de voitures *Autóbérlés*

Je voudrais louer une voiture.	**Szeretnék bérelni egy autót.**	sèrètnéék **béé**rèlni èdyy **àou**toott
Je la voudrais pour un jour/une semaine.	**Egy napra/Egy hétre szeretném.**	èdyy **nàp**rà/èdyy **héét**rè sèrètnéémm
Où est la station-service la plus proche?	**Hol van a legközelebbi benzinkút?**	hol vànn à **lèk**-keuzèlèbbi **bènn**zinnkoütt
Le plein, s.v.p.	**Tele kérem.**	**tè**lè **kéé**rèmm
Donnez-moi … litres d'essence.	**… liter benzint kérek.**	**li**tèrr **bènn**zinnt **kéé**rèk
Comment-puis-je aller à …?	**Hogyan jutok el … -ba/-be?**	**ho**dyyànn **you**tok èl … -bà/-bè
Je suis tombé en panne à …	**… nál/-nél elromlott a kocsim.**	-naal/-néél **èl**rommlott-t à **ko**tchimm
Pouvez-vous envoyer un mécanicien?	**Tudna küldeni egy szerelőt?**	**toud**nà **kul**dèni èdyy **sè**rèleütt
Pourriez-vous réparer ce pneu?	**Meg tudná javítani ezt a defektes gumit?**	**mèk**-toudnaa **yà**viitàni èsst à **dè**fèktèch **gou**mitt

☞ Vous êtes sur la mauvaise route.	**Rossz irányban halad.** ☜
Allez tout droit.	**Egyenesen tovább.**
C'est là-bas à …	**Arra lefelé van …**
gauche/droite	**balra/jobbra**
à côté de/au-delà de …	**… mellett/után**
nord/sud/est/ouest	**észak/dél/kelet/nyugat**

CHIFFRES, voir page 78

Visites touristiques *Városnézés*

Où se trouve le syndicat d'initiative?	**Hol van a túrista információ?**	hol vànn à **tou**richtà-innforrmaatsioo
Y a-t-il un guide qui parle français?	**Van franciául beszélő idegenvezető?**	vànn **frànn**tsià-oul **bè**sséélеü **i**dèguènn-vèzèteü
Où se trouve/ent …?	**Hol van …?**	hol vànn
centre (de la ville)	**a városközpont**	à **vaa**roch-keussponnt
château	**a vár**	à vaarr
église	**a templom**	à **tèmmpl**omm
exposition	**a kiállítás**	à **ki**aaliitaach
jardins	**a park**	à pàrrk
marché	**a piac**	à **pi**àts
musée	**a múzeum**	à **moü**zè-oumm
palais	**a palota**	à **pà**lotà
Quelles sont les heures d'ouverture?	**Mikor vannak nyitva?**	**mi**korr **vànn**-nàk **nyyit**và
Combien coûte l'entrée?	**Mennyi a belépő-díj?**	**mènyy**-nyyi à **bè**lééреü-diiy

Divertissements *Szórakozás*

Que joue-t-on au Théâtre …?	**Mi megy ma a … Színházban?**	mi mèdyy mà à … **sinn**-haazzbànn
Combien coûtent les places?	**Mennyibe kerül egy jegy?**	**mènyy**-nyyibè **kè**rul èdyy yèdyy
Je voudrais réserver 2 places pour le spectacle de vendredi soir.	**Két jegyet szeretnék foglalni a péntek esti előadásra.**	kéétt **yè**dyyètt sèrètnéék **fog**làlni à **péénn**tèk **èch**ti èleü-àdaachrà
Voulez-vous sortir avec moi ce soir?	**Eljönne velem ma este valahová?**	**èl**-yeunn-nè **vè**lèmm mà **èch**tè **và**làhovaa
Y a-t-il une discothèque en ville?	**Van a városban diszkó?**	vànn à **vaa**rojbànn **dis**koo
Voulez-vous danser?	**Van kedve táncolni?**	vànn **kèd**vè **taann**tsolni
Merci, j'ai passé une soirée merveilleuse.	**Köszönöm, csodálatos este volt.**	**keu**sseuneumm **tcho**daalàtoch **èch**tè voltt

JOURS DE LA SEMAINE, voir page 77

Magasins—Services *Üzletek—szolgáltatások*

Où est … le/la plus proche?	**Hol van a legközelebbi …?**	hol vànn à **lèk**-keuzèlèb-bi
boucherie	**hentes**	**hènn**tèch
boulangerie	**pékség**	**péék**chéég
bureau de poste	**posta**	**poch**tà
coiffeur	**fodrászat**	**fod**raassàtt
dentiste	**fogorvos**	**fog**orrvoch
épicierie	**élelmiszerbolt**	**éé**lèlmissèrr-boltt
librairie	**könyvesbolt**	**keunyy**vèjboltt
marchand de journaux	**újságos**	**ouï**chaagoch
pharmacie	**gyógyszertár**	**dyyoots**-tsèrrtaarr
supermarché	**ABC-áruház**	**aa**béétsée-aarouhaazz
Où sont les toilettes?	**Hol van a WC?**	hol vànn à **véé**tséé

Expressions générales *Általános kifejezések*

Où se trouve le quartier commerçant?	**Hol a bevásárló-negyed?**	hol vànn à **bè**vaachaarloo-nèdyyèd
Avez-vous …?	**Van …?**	vànn
N'auriez-vous pas quelque chose de …?	**Van valami …?**	vànn **và**làmi
moins cher	**olcsóbb**	**ol**tchoob-b
plus grand	**nagyobb**	**nà**dyyob-b
plus petit	**kisebb**	**kich**-chèb-b
Puis-je l'essayer?	**Felptóbálhatom?**	**fèl**proobaalhàtomm
Combien coûte ceci?	**Mennyibe kerül?**	**mènyy**-nyyibè kèrul
Pourriez-vous l'écrire, s.v.p.?	**Kérem, írja le.**	**kéé**rèmm iiryà lè
Non, cela ne me plaît pas.	**Nem, nem tetszik.**	nèmm nèmm **tèts**-tsik
Je le prends.	**Megveszem.**	**mèg**vèssèmm
Pouvez-vous me le commander?	**Meg tudná rendelni?**	**mèk**-toudnaa **rènn**dèlni
Acceptez-vous les cartes de credit?	**Hitelkártyát elfogadnak?**	**hi**tèlkaarrtyyaatt **èl**fogàdnàk

CHIFFRES, voir page 78

blanc	**fehér**	**fè**héér	rouge	**piros**	**pi**roch
bleu	**kék**	kéék	vert	**zöld**	zeulld
brun	**barna**	**bàr**nà	… clair	**világos…**	**vi**laagoch
jaune	**sárga**	**chaar**gà	… foncé	**sötét…**	**cheu**téétt
noir	**fekete**	**fè**kètè			

Je voudrais acheter …	**… szeretnék venni.**	… **sè**rètnéék **vènn**-ni
aspirine	**Aszpirint**	**às**pirinnt
crème solaire	**Napozókrémet**	**nà**pozookrééméтt
dentifrice	**Fogkrémet**	**fok**-krééméтt
journal français	**Újságot franciát**	**ouï**chaagoch frànntsiaatt
ouvre-bouteilles	**Sörnyitót**	**cheurr**-nyyitoott
piles	**Elemet**	**è**lèmètt
savon	**Szappant**	**sàp**-pànnt
shampooing	**Sampont**	**chàmm**ponnt
un demi-kilo de pommes	**Egy fél kiló almát**	èdyy **féél**-kiloo **àl**maatt
un litre de lait	**Egy liter tejet**	èdyy **li**tèrr **tè**-yètt
Je voudrais une pellicule … pour cet appareil.	**Ebbe a fény-képezőgépbe kérek … filmet.**	**èb**-bè à **féényy**-kéépèzeü-guééb-bè **kéé**rèk … **fil**mètt
en noir et blanc	**fekete-fehér**	**fè**kètè-**fè**héér
en couleurs	**színes**	**si**nèch
Une coupe de cheveux, s.v.p.	**Hajvágást kérek.**	**hàï**vaagaacht **kéé**rèk

Souvenirs *Souvenir*

barackpálinka	**bà**ràtsk-paalinnkà	cognac à l'abricot
herendi porcelán	**hè**rènndi **porr**tsèlaann	porcelaine d'Herend
hímzett asztelterítő	**hiim**zètt-t **às**stàltèriiteü	nappe brodée
hímzett blúz	**hiim**zètt-t bloüz	chemisier brodé
tokaji bor	**to**kà-yi borr	vin tokay

À la banque *A bankban*

Où est le bureau de change le plus proche?	**Hol a legközelebbi valutabeváltó hely?**	hol à **lèk**-keuzèlèb-bi **và**loutà-bèvaaltoo hèï

Je voudrais changer des francs/dollars en des forints.	**Frankot/Dollárt szeretnék beváltani forintra.**	**frànn**kott/**dol**-laarrt sèrètnéék **bè**vaaltàni **fo**rinntrà
Quel est le cours du change?	**Mi az átváltási árfolyam?**	mi àz **aat**vaaltaachi **aar**fo-yàmm

À la poste *A postán*

Je voudrais envoyer ceci …	**Szeretném ezt … feladni.**	**sè**rètnééṁ èsst ... **fè**làdni
par avion	**légipostán**	**léé**guipochtaann
par exprès	**expressz**	**èks**prèss-s
Je voudrais … timbres à … forints.	**Egy … forintos bélyeget kérek.**	èdyy ... **fo**rinntoch **béé**-yèguètt **kéé**rèk
Quel est le tarif d'une carte postale pour Paris?	**Hány forintos bélyeg kell egy képeslapra Párizsba?**	**haanyy**-forinntoch **béé**-yèg kèl-l èdyy **kéé**pèchlàprà **paa**rijbà
Y a-t-il du courrier pour moi?	**Van a számomra posta?**	vànn à **saa**mommrà **poch**tà

Téléphone *Telefonálás*

Où se trouve le téléphone le plus proche?	**Hol van a legközelebbi telefonfülke?**	hol vànn à **lèk**-keuzèlèb-bi **tè**lèfonnfulkè
Puis-je utiliser votre téléphone?	**Használhatom a telefonját?**	**hàss**naalhàtomm à **tè**lèfonny-nyyaatt
Allo. C'est …	**Halló, itt … beszél.**	**hàl**-loo itt-t ... **bè**sséél
Je désire parler à …	**…-val/-vel szeretnék beszélni.**	-vàl/-vèl **sè**rètnéék **bè**sséélni
Quand sera-t-il/elle de retour?	**Mikor jön vissza?**	**mi**korr yeunn **viss**-sà
Veuillez lui dire que j'ai appelé.	**Kérem, mondja meg neki, hogy kerestem.**	**kéé**rèmm **monyy**-dyyà mèg **nè**ki hodyy **kè**rèchtèmm

CHIFFRES, voir page 78

L'heure et la date *Idő és dátum*

Il est …	**… van.**	… vànn
une heure cinq	**egy óra öt perc**	èdyy oorà **eutt**-pèrrts
trois heures et quart	**negyed négy**	**nè**dyyèd néédyy
cinq heures vingt	**öt óra húsz perc**	**eutt**-oorà hoüss pèrrts
sept heures et demie	**fél nyolc**	fé él nyyolts
neuf heures moins vingt-cinq	**öt perccel múlt fél kilenc**	eutt **pèrrts**-tsèl moultt éél **ki**lènnts
dix heures moins dix	**tíz perc múlva tíz**	tiiz pèrrts **moul**và tiiz
midi/minuit	**dél/éjfél**	dé él/**éé y**-fé él
le matin	**reggel**	**règ**-guèl
pendant la journée	**napközben**	**nàp**keuzzbènn
le soir/la nuit	**este/éjszaka**	**èch**tè/**ééï**ssàkà
hier/aujourd'hui	**tegnap/ma**	**tèg**-nàp/mà
demain	**holnap**	holnap
printemps/été	**tavasz/nyár**	**tà**vàss/nyyaar
automne/hiver	**ősz/tél**	eüss/tééI

lundi	**hétfő**	**héét**feü
mardi	**kedd**	kèdd-d
mercredi	**szerda**	**sèrr**dà
jeudi	**csütörtök**	**tchu**teurrteuk
vendredi	**péntek**	**péénn**tèk
samedi	**szombat**	**somm**bàtt
dimanche	**vasárnap**	**và**chaarrnàp
janvier	**január**	**yà**nou-aar
février	**február**	**fè**brou-aar
mars	**március**	**maarr**tsiouch
avril	**április**	**aap**rilich
mai	**május**	**maa**-youch
juin	**június**	**yoü**niouch
juillet	**július**	**yoü**liouch
août	**augusztus**	**àou**gousstouch
septembre	**szeptember**	**sèp**tèmmbèrr
octobre	**október**	**ok**toobèrr
novembre	**november**	**no**vèmmbèrr
décembre	**december**	**dè**tsèmmbèrr

Chiffres *Számok*

0	**nulla**	**noul**-là	11	**tizenegy**	tizèn**èdyy**
1	**egy**	èdyy	12	**tizenkettő**	tizènn**kètt**-teü
2	**kettő**	**kètt**-teü	13	**tizenhárom**	tizènn-**haa**romm
3	**három**	**haa**romm	14	**tizennégy**	tizènn-**néédyy**
4	**négy**	néédyy	15	**tizenöt**	tizè**neutt**
5	**öt**	eutt	16	**tizenhat**	tizènn-**hàtt**
6	**hat**	hàtt	17	**tizenhét**	tizènn-**héétt**
7	**hét**	héétt	18	**tizennyolc**	tizènny-**nyyolts**
8	**nyolc**	nyyolts	19	**tizenkilenc**	tizènn**ki**lènnts
9	**kilenc**	**ki**lènnts	20	**húsz**	hoüss
10	**tíz**	tiiz	21	**huszonegy**	**hou**sson**èdyy**

30	**harminc**	**hàrr**minnts
40	**negyven**	**nèdyy**vènn
50	**ötven**	**eut**vènn
60	**hatvan**	**hàt**vànn
70	**hetven**	**hèt**vènn
80	**nyolcvan**	**nyyolts**vànn
90	**kilencven**	**ki**lènntsvènn
100/1000	**száz/ezer**	saaz/èzèrr
premier/deuxième	**első/második**	**èl**cheü/**maa**chodik
une fois/deux fois	**egyszer/kétszer**	**ètyy**-sèrr/**kééts**-tsèrr
une moitié	**egy fél**	**ètyy**-féél

Urgences *Szükséghelyzetek*

Appelez la police	**Hívja a rendőrséget**	**hiiv**yà à **rènn**deürchééguètt
Appelez un médecin	**Hívjon orvost**	**hiiv**yonn **orr**vocht
AU SECOURS	**SEGÍTSÉG**	**chè**guiitch-tchéég
AU VOLEUR	**FOGJÁK MEG, TOLVAY**	**fog**-yaak mèg **tol**vàï
Je me suis perdu(e).	**Eltévedtem**	**èl**téévètt-tèmm
Je suis malade.	**Beteg vagyok**	**bè**tèg **và**dyyok
On m'a volé …	**Ellopták …**	**èl**-loptaak
J'ai perdu …	**Elvesztett …**	**èl**vèssètt-t
bagages	**a kézitáskám**	à **kéé**zitaachkaamm
passeport	**az útlevelemet**	àz **oüt**lèvèlèmm

TÉLÉPHONE, voir page 76

portefeuille	**a pénztárcámat**	à **péénnz**-taartsaamm
sac à main	**a csomagomat**	a **tcho**màgyomàtt
Où puis-je trouver un médecin qui parle français?	**Hol találok franciául beszélő orvost?**	hol **tà**laalok **frànn**tsiaa-oul **bè**sséélеü **orr**vocht

Guide de prononciation hongroise

Consonnes

Lettre	Prononciation approximative	Symbole	Exemple	
c	comme **ts** dans **ts**ar	ts	**cég**	tséég
cs	comme **tch** dans **tch**èque	tch	**kocsi**	**ko**tchi
g	comme **g** dans **g**are	g	**gáz**	gaaz
		gu	**gép**	guéép
gy	comme **di** dans a**di**eu	dyy	**ágy**	**aa**dyy
h	se prononce presque toujours; ouvrez la bouche et expirez doucement, mais de façon audible	h	**hét**	héét
j	comme **y** dans **y**aourt	y	**jó**	yoo
		ï	**tàj**	taaï
ly	comme **y** dans **y**aourt	y	**zsemlye**	**jè**myè
		ï	**Károly**	**kaa**roï
ny	comme **gn** dans bai**gn**er	nyy	**nyàr**	nyyaar
r	se forme par le bout de la langue	r	**vér**	vééer
s	comme **ch** dans **ch**aud	ch	**sok**	chok
sz	comme **s** dans **s**ec	s	**szó**	soo
		ss	**ősz**	euss
ty	comme **ti** dans **ti**en	tyy	**Mátyás**	**maa**tyyaach
zs	comme **j** dans **j**e	j	**zsír**	jiir

b, **d**, **f**, **h**, **k**, **l**, **m**, **n**, **p**, **v**, **z** se prononcent comme en français

Voyelles

a	comme **a** dans l**a**ngue mais pas nasale	à	**hat**	hàt
á	comme **a** dans g**a**re	aa	**vár**	vaar

e	comme **e** dans sec	è	**te**	tè
é	comme **é** dans th**é** mais plus long	éé	**kéz**	kééz
i	comme **i** dans v**i**f	i	**hideg**	**hi**dèg
í	comme **i** dans p**i**re	ii	**hiv**	hiiv
o	comme **o** dans m**o**t	o	**sok**	chok
ó	comme **o** dans r**o**se	oo	**jó**	yoo
ö	comme **e** dans j**e**	eu	**dörög**	**deu**reug
ő	comme **eu** dans chant**eu**se	eü	**főz**	feüz
u	comme **ou** dans **ou**vrir	ou	**falu**	**fà**lou
ú	comme **ou** dans j**ou**r	oü	**út**	oüt
ü	comme **u** dans m**u**sée	u	**ül**	ul
ű	comme **u** dans p**u**re	uu	**fűt**	fuut

Notes:

1) Il n'y a pas de lettres «muettes» en hongrois; il faut donc prononcer toutes les lettres. Cela signifie qu'il faut prononcer les consonnes doubles plus longuement; mais une consonne double qui apparaît en fin de mot se prononce comme une brève. Deux voyelles côte-à-côte doivent être prononcées séparément et ne se combinent pas pour former une diptongue.
2) Lorqu'on rencontre deux consonnes ou plus côte-à-côte, la dernière peut influencer la prononciation des autres. Si elle est «muette» (**c, f, k, p, s, sz, t, ty**), elle rendra la consonne sonore précédente (**dz, v, g, b, zs, z, d, gy**) muette elle aussi et vice versa.
3) Chaque mot, prononcé séparément, est fortement accentué sur la première syllabe. Lorsque les mots sont combinés dans des phrases, l'accent des mots les moins importants s'affaiblit.
4) Les formes «doubles» de **cs, gy, ly, ny, sz, ty,** zs sont **ccs, ggy, lly, nny, ssz, tty, zzs**. Si la forme double doit être séparée par un tiret à fin d'une ligne, on écrit alors deux fois la forme simple, par ex. cs-cs au lieu de c-cs.
5) En hongrois, la lettre **j** peut être combinée avec la voyelle précédente pour former des diphtongues, par exemple **új** (prononcé oüï), **fej** (prononcé fèï), **sujt** (prononcé souït). Dans tous ces cas, le **y** ne doit être prononcé que brièvement, comme dans l'Anglais "bo**y**".

Letton

Expressions courantes *Pamatizteicieni*

Oui/Non.	**Jā/Nē.**	yaa/nee
S'il vous plaît.	**Lūdzu.**	**lōū**dzou
Merci.	**Paldies.**	pal**diess**
Pardon?	**Atvainojiet?**	**at**vaïnoyiett

Présentations *Iepazīšanās*

Bonjour (matin).	**Labrīt.**	lab**riitt**
Bonjour (après-midi).	**Labdien.**	lab**dyien**
Bonne nuit.	**Ar labu nakti.**	ar **la**bou **nak**ti
Au revoir.	**Uz redzēšanos.**	ouz **re**dzeechanoss
Je m'appelle …	**Mani sauc …**	**ma**ni saouts
Comment vous appelez-vous?	**Kā jūs sauc?**	kaa yōūs saouts
Comment allez-vous?	**Kā jums klājas?**	kaa youmss **klaa**yass
Très bien, merci.	**Paldies, labi.**	pal**diess la**bi
Et vous?	**Un jums?**	oun youms
D'où êtes-vous?	**No kurienes jūs esat?**	noi **kou**rienes yōūs **e**ssatt
Je viens de la/du …	**Es esmu no …**	ess **es**mou noi
Belgique	**Belģijas**	**bel**guiyas
Canada	**Francijas**	**ka**naadass
France	**Kanādas**	**fran**tsiyas
Suisse	**Šveices**	**chvei**tsess
Je suis avec …	**Es esmu kopā ar …**	ess **es**mou **koi**paa ar
femme/mari	**sievu/vīru**	**sie**vou/**vii**rou
famille	**ģimeni**	**gui**meni
ami	**draugu**	**draou**gou
amie	**draudzeni**	**draou**dzeni
Je suis seul(e).	**Es esmu viens pats (viena pati).**	ess **es**mou vienss pats (**vie**na **pa**ti)
Je suis en vacances/ voyage d'affaires.	**Es esmu atvaļinājumā/ komandējumā.**	ess **es**mou **at**valyinaayoumaa/ **ko**mandeeyoumaa

Questions *Jautājumi*

Quand?/Comment?	**Kad?/Cik?**	kad/tsik
Quoi?/Pourquoi?	**Kas?/Kādēļ?**	kass/**kaa**deel
Qui?/Lequel?	**Kas?/Kurš?**	kass/kourch
Où se trouve/ent …?	**Kur ir …?**	kour ir
Où puis-je trouver …?	**Kur es varu dabūt/atrast …?**	kour ess **va**rou **da**bōūt/**at**rast
À quelle distance?	**Cik tālu?**	tsik **taa**lou
Combien de temps?	**Cik ilgi?**	tsik **il**gui
Combien?	**Cik daudz?**	tsik daoudz
Puis-je?	**Vai es drīkstu?**	vaï ess **driiks**tou
Puis-je avoir …?	**Vai es varu …?**	vaï ess **va**rou
Pouvez-vous m'aider?	**Vai jūs varat man palīdzēt?**	vaï youss **va**ratt man **pa**liidzeett
Je comprends.	**Es saprotu.**	ess **sa**proitou
Je ne comprends pas.	**Es nesaprotu.**	ess **ne**saproitou
Pouvez-vous me traduire ceci?	**Vai jūs varat man šo pārtulkot?**	vaï yōūs **va**ratt man cho **paar**toulkoitt
Parlez-vous français?	**Vai jūs runājat franciski?**	vaï yōūs **rou**naayatt **fran**tsiski
Je ne parle pas letton.	**Es nerunāju latviski.**	ess **ne**rounaayou **lat**viski

Autres mots utiles *Daži noderīgi vārdiņi*

beau/laid	**skaists/neglīts**	skaïstss/**ne**gliits
bon/mauvais	**labs/slikts**	labss/slikts
bon marché/cher	**lēts/dārgs**	leets/daargss
chaud/froid	**karsts/auksts**	karstss/aoukstss
grand/petit	**liels/mazs**	lielss/mazss
juste/faux	**pareizs/nepareizs**	**pa**reizs/**ne**pareizs
libre/occupé	**brīvs/aizņemts**	briivss/**aiz**nyiemtss
meilleur/pire	**labāks/sliktāks**	**la**baaks/**slik**taaks
près/loin	**tuvs/tāls**	touvss/taalss
tôt/tard	**agrs/vēls**	agrs/veelss

Hôtel *Viesnīca*

J'ai fait réserver.	**Es esmu rezervējis (-jusi).**	ess **es**mou **re**zerveeyiss (-youssi)
Avez-vous des chambres disponibles?	**Vai jums ir brīvas istabas?**	vaï youms ir **brii**vass **is**tabass
Je voudrais une chambre …	**Es vēlos … istabu.**	ess **vee**loiss ... **is**tabou
pour une personne	**vienai personai**	**vie**naï **per**sonaï
pour deux personnes	**divām personām**	**di**vaam **per**sonaam
avec des lits jumeaux	**ar divām gultām**	ar **di**vaam **goul**taam
avec un grand lit	**ar dubultgultu**	ar **dou**boultgoultou
avec salle de bains	**ar vannas istabu**	ar **van**nass **is**tabou
avec douche	**ar dušu**	ar **dou**chou
Nous resterons …	**Mēs paliksim …**	meess **pa**liksim
une nuit seulement	**tikai vienu nakti**	**ti**kaï **vie**nou **nak**ti
quelques jours	**dažas dienas**	**da**jass **die**nass
une semaine	**nedēļu**	**ne**deelyou

Décision *Lēmumi*

Puis-je voir la chambre?	**Vai es varu redzēt istabu?**	vaï ess **va**rou **re**dzeet **is**tabou
D'accord. Je la prends.	**Man patīk. Es to ņemšu.**	man **pa**tiik. ess toi **nyem**chou
Non, elle ne me plaît pas.	**Nē, man tā nepatīk.**	nee man taa **ne**patiik
Elle est trop…	**Tā ir par …**	taa ir par
bruyante	**trokšņainu**	**troik**chnyaïnou
petite/sombre	**mazu/tumšu**	**ma**zou/**toum**chou
Avez-vous quelque chose de …?	**Vai jums ir kāda …?**	vaï youms ir **kaa**da
moins cher	**lētāka**	**lee**taaka
plus grand	**lielāka**	**lie**laaka
plus tranquille	**klusāka**	**klou**saaka
Puis-je avoir ma note, s'il vous plaît?	**Lūdzu rēķinu.**	**loū**dzou **ree**kinou
Le séjour a été très agréable.	**Paldies, bija ļoti patīkami.**	pal**diess bi**ya **lyoi**ti **pa**tiikami

JOURS DE LA SEMAINE, voir page 94

Restaurant *Restorāni un kafejnīcas*

Je voudrais réserver une table pour 4 personnes.	**Es vēlos rezervēt galdu četrām personām.**	ess **vee**loss **re**zerveet **gal**dou **tche**traam **per**sonaam
Nous viendrons à 8 heures.	**Mēs būsim astoņos.**	mees **bōū**ssime **as**tognoss
Je voudrais le petit déjeuner/le déjeuner/ le dîner.	**Es vēlos brokastis/ pusdienas/ vakariņas.**	ess **vee**loss **broi**kastïss/ **pous**dienass/ **va**karignass
Que me recommandez-vous?	**Ko jūs ieteicat?**	koi yōūss **yie**teitsat
Avez-vous des plats végétariens?	**Vai jums ir veģetārie ēdieni?**	vaï youmss ir **ve**guetarié **ee**dieni

Petit déjeuner *Brokastis*

Pourrais-je avoir…?	**Es vēlos …**	ess **vee**loss
beurre	**sviestu**	**svies**tou
confiture	**ievārījumu**	**ie**vaariiyoumou
fromage	**sieru**	**sie**rou
jambon/œuf	**šķiņķi/olu**	**chki'gn**ki/**oi**llou
pain/petits pains	**maizi/maizīti**	**maï**zi/**maï**ziiti

Hors-d'œuvre *Priekšēdieni*

marinētas sēnes	**ma**rineetas **see**ness	champignons conservés
nēģi	**nee**gui	lamproie
šprotes	**chpro**tess	sprats fumés
žāvēts lasis	**jaa**veets **la**ssiss	saumon fumé
žāvēts zutis	**jaa**veets **zou**tis	anguille fumée

au four	**krāsnī cepts**	**kraas**nii tseptss
bouilli/en ragoût	**vārīts/sautēts**	**vaa**riits/**saou**teets
frit	**cepts**	tseptss
grillé	**grillēts**	**gril**leets
rôti	**krāsnī cepts**	**kraas**nii tseptss
saignant	**pajēls**	**pa**yeels
à point	**vidējs**	**vi**deeyss
bien cuit	**labi izcepts**	**la**bi **iz**tseptss

CHIFFRES, voir page 93

Viande *Gaļa*

Je voudrais …	**Es vēlos …**	ess **vee**loss
agneau	**jērgaļu**	**yeer**galyou
bœuf	**vēršgaļu**	**veerch**galyou
canard/porc	**pīli/cūkgaļu**	**pii**li/**tsōūk**galyou
poulet/veau	**vistu/teļgaļu**	**vis**tou/**tely**galyou
karbonāde	**kar**bonaade	côte de porc
kotletes	**kot**letess	boulettes de viande
mežcūkas cepetis	**mej**tsōūkas **tse**petiss	steak de sanglier
sautēta vista	**saou**teeta **vis**ta	poulet braisé
sīpolu sitenis	**sii**polou **si**tenis	bifteck aux oignons
teļgaļas cepetis	**telj**galyas **tse**petiss	rôti de veau

Poissons et fruits de mer *Zivis un zivju ēdieni*

cepta bute	**tsep**ta **bou**té	carrelet frit
cepta forele	**tsep**ta **fo**relé	truite frite/grillée
cepta karpa	**tsep**ta **kar**pa	carpe frite
cepts lasis	tseptss **la**siss	saumon frit/grillé
līdaka želējā	**lii**daka **je**leyaa	brochet en gelée
sālīta siļķe	**saa**liita **sily**ké	hareng saur
zivju kotletes	**ziv**you **kot**letess	croquettes de poisson

Légumes *Dārzeņi/saknes*

carottes	**burkāni**	**bour**kaani
champignon	**sēnes**	**see**ness
chou	**kāposti**	**kaa**posti
haricots verts	**pupiņas**	**pou**pignass
oignon	**sīpoli**	**sii**poli
petits pois	**zirņi**	**zir**gní
pommes de terre	**kartupeļi**	**kar**toupelyí
tomate	**tomāti**	**to**maati
burkānu pankūkas	**bour**kaanou **pan**kōūkas	crêpes de carottes
omlete ar sēnēm	**om**leté ar **see**neem	omelette aux champignons
omlete ar sieru	**om**leté ar **sie**rou	omelette au fromage
sautētas saknes ar mērci	**saou**teetas **sak**nes ar **meer**tsi	légumes en cocotte avec une sauce à la crème

Fruits et desserts *Augļi un saldēdieni*

banane/citron	**banāni/citroni**	**ba**naani/**tsit**roni
fraises/orange	**zemenes/apelsīni**	**ze**meness/**a**pelsiini
pomme/prune	**āboli/plūmes**	**aa**boli/**plōū**mess
ābolkūka	**aa**bolkououka	tarte aux pommes
buberts	**bou**bertss	mousse aux œufs avec un coulis de fruits
maizes zupa	**maï**zess **zou**pa	dessert à base de pain de seigle, de fruit et d'épices
saldējums	**sal**deeyoums	glace
torte	**tor**té	gâteau

Boissons *Dzērieni*

bière	**alus**	**a**louss
café	**kafija**	kafiya
au lait/noir	**ar pienu/melna**	ar **pie**nou/**mel**na
chocolat (chaud)	**(karsts) kakao**	(karsts) **ka**kao
eau minérale	**minerālūdens**	**mi**neraalōūdenss
jus de fruits	**augļu sula**	**aoug**lyou **sou**la
thé	**tēja**	**tee**ya
vin	**vīns**	viins
blanc	**baltvīns**	**balt**viinss
rouge	**sarkanvīns**	**sar**kanviinss
vodka	**degvīns**	**deg**viinss

Réclamations et l'addition *Sūdzības un maksājumi*

C'est trop salé/sucré.	**Tas (Tā) ir par sālītu/saldu.**	tass (taa) ir par **saa**liitou/**sal**dou
Ce n'est pas ce que j'ai commandé.	**Es to nepasūtināju.**	ess to **ne**passōūtiiyou
L'addition, s.v.p.	**Lūdzu rēķinu.**	**lōū**dzou **ree**kinou
Je crois qu'il y a une erreur dans l'addition.	**Man liekas, ka rēķinā ir kļūda.**	man **lie**kass ka **ree**kinaa ir **klyou**da
Puis-je payer avec cette carte de crédit?	**Vai varu maksāt ar šo kredītkarti.**	vaï **va**rou **mak**saatt ar cho **kre**diitkarti
C'était très bon, merci.	**Paldies, viss bija ļoti garšīgs.**	pal**diess** viss **bi**ya **lyo**ti **gar**chiigss

CHIFFRES, voir page 93

Excursions *Ceļojumi*

Avion *Lidmašīna*

Y a-t-il un vol pour Vilnius?	**Vai ir lidojums uz Viļņu?**	vaï ir **li**doyoumss ouz **vil**nyou
À quelle heure est l'enregistrement?	**Cikos man ir jāreģistrējas?**	**tsi**koss man ir **jaa**reguistreejas
Je voudrais … ma réservation.	**Es vēlos … savu biļeti.**	ess **vee**los … **sa**vou **bi**lyeti
annuler/changer	**atteikt/mainīt**	**at**teikt/**maï**niit
confirmer	**apstiprināt**	**ap**stiprinaat

Train *Vilciens*

Je voudrais un billet pour Tallinn.	**Es vēlos biļeti uz Tallinu.**	ess **vee**los **bi**lyeti ouz **tal**linou
aller simple	**vienā virzienā**	**vie**naa **vir**zienaa
aller-retour	**turp un atpakaļ**	tourp oun **at**pakal
première classe	**pirmā klasē**	**pir**maa **kla**ssee
deuxième classe	**otra klasē**	**out**raa **kla**ssee
Combien de temps dure le trajet?	**Cik ilgi ir jābrauc?**	tsik **il**gi ir **yaa**braoutss
Quand part le … train pour Ventspils?	**Kad atiet … vilciens uz Ventspili?**	kad **at**tiete … **vil**tsienss ouz **vents**pili
prochain	**nākošais**	**naa**kouchaïss
dernier	**pēdējais**	**pee**deeyaïss
C'est bien le train pour Cesis, n'est-ce pas?	**Vai šis ir pareizais vilciens uz Cēsīm?**	vaï chiss ir **pa**reizaïss **vil**tsienss ouz **tsee**ssiim

Bus—Tram *Autobuss—Tramvajs*

Quel bus va au centre-ville?	**Ar kādu autobusu man jābrauc uz centru?**	ar **kaa**dou **aou**toboussou man **yaa**braouts ouzv **tsent**rou
Quel est le prix du trajet jusqu'à …?	**Cik maksā biļete līdz …?**	tsik **mak**saa **bi**lyeté liidz
Pourriez-vous me dire quand je dois descendre?	**Lūdzu pasakiet, kad jāizkāpj.**	**lōū**dzou **pa**ssakiet kad **yaa**izkaap

HEURES, voir page 93

Taxi *Taksometrs*

Quel est le tarif pour …?	**Cik maksā līdz …**	tsik **mak**saa liidz
Conduisez-moi à cette adresse.	**Lūdzu brauciet uz šo adresi.**	**lōū**dzou **braou**tsiet ouz cho **a**dressi
Arrêtez-vous ici, s'il vous plaît.	**Lūdzu apstājieties šeit.**	**lōū**dzou **ap**staayieties cheit

Location de voitures *Automašīnas īre*

Je voudrais louer une voiture.	**Es vēlos īrēt automašīnu.**	ess **vee**loss **ii**reett **aou**tomachinou
Je la voudrais pour un jour/une semaine.	**Uz dienu/ nedēļu.**	ouz **die**nou/ **ne**deelyou
Où est la station-service la plus proche?	**Kur ir tuvākā degvielu uzpildes stacija?**	kour ir **tou**vaakaa **deg**vielu **ouz**pildes **sta**tsiya
Le plein, s'il vous plaît.	**Pilnu tanku, lūdzu.**	**pil**nou tankou **lōū**dzou
Donnez-moi … litres d'essence.	**Dodiet man … litrus degvielas.**	**doi**diet man … **lit**rouss **deg**vielass
Comment puis-je aller à …?	**Kā es varu nokļūt uz …?**	kaa ess **va**rou **no**klyouti ouz
Je suis tombé en panne à …	**Man salūzusi mašīna …**	man **sa**lōūzoussi **ma**chiina
Pouvez-vous envoyer un mécanicien?	**Vai jūs varat atsūtīt mehāniķi.**	vaï yōūss **va**ratt **at**soutiitt **me**khanikyi
Pourriez-vous réparer ce pneu?	**Vai jūs varat salāpīt riepu.**	vaï yōūss **va**ratt **sal**sspiit **rie**pou

☞ Vous êtes sur la mauvaise route.	**Jūs esat uz nepareizā ceļa.** ☜
Allez tout droit.	**Brauciet taisni uz priekšu.**
C'est là-bas à …	**Tas ir tur ...**
gauche/droite	**pa kreisi/pa labi**
en face de/derrière …	**pretī/aiz**
à côté de/au-delà de …	**blakus/pēc**
nord/sud	**uz ziemeļiem/uz dienvidiem**
est/ouest	**uz austrumiem/uz rietumiem**

CHIFFRES, voir page 93

Visites touristiques *Ekskursijas*

Où se trouve le syndicat d'initiative?	**Kur atrodas tūrisma birojs?**	kour **at**rodas **tōū**risma **bi**royss
Y a-t-il un guide qui parle français?	**Vai ir pieejams franciski runājošs gīds?**	vaï ir **pie**eyamss **fran**tsiski **rou**naayoch guids
Où se trouve/ent …?	**Kur ir …?**	kour ir
cathédrale	**katedrāle**	**ka**tedraalé
centre (de la ville)	**pilsētas centrs**	**pil**seetas tsentrss
château	**pils**	pilss
jardins botaniques	**botāniskais dārzs**	**bo**taaniskaïs daarzss
magasins	**veikali**	**vei**kali
marché	**tirgus**	**tir**gouss
musée	**muzejs**	**mou**zeyss
plage	**plūdmale**	**plōūd**malé
port	**osta**	**ois**ta
À partir de quelle heure est-ce ouvert?	**No cikiem tas ir vaļā?**	noi **tsi**kiem tass ir **va**lyaa
À quelle heure ouvre/ferme-t-il/elle?	**Cikos to slēdz?**	**tsi**koss toi sleedzz
Combien coûte l'entrée?	**Cik maksā ieeja?**	tsik **mak**saa **ie**eya

Divertissements *Izklaidēšanās*

Que joue-t-on au Théâtre …?	**Kāda izrāde ir … teātrī?**	**kaa**da **iz**raadé ir … **te**aatrii
Combien coûtent les places?	**Cik maksā biļetes?**	tsik **mak**saa **bi**lyetess
Voulez-vous sortir avec moi ce soir?	**Vai jūs vēlētos ar mani kopā šovakar kautkur iziet?**	vaï **yōūss vee**leetoiss ar **ma**ni **koi**paa **choi**vakar **kaoutt**kour **iz**iett
Y a-t-il une discothèque en ville?	**Vai pilsētā ir diskotēka?**	vaï **pil**seetaa ir **dis**koteeka
Voulez-vous danser?	**Vai jūs vēlaties dejot?**	vaï yōūss **vee**latiess **de**yoitt
Merci, j'ai passé une merveilleuse soirée.	**Paldies. Bija ļoti patīkams vakars.**	pal**diess**. **bi**ya **lyoi**ti **pa**tiikamss **va**karss

HEURES, voir page 93

Magasins et services *Veikali un pakalpojumi*

Où est/sont …?	**Kur ir …?**	kour ir
boucherie	**gaļas veikals**	**gal**yass **vei**kalss
boulangerie	**maizes veikals**	**maï**zess **vei**kalss
bureau de poste	**pasts**	pastss
coiffeur	**frizieris**	**fri**zieriss
dentiste	**zobārsts**	**zob**aarstss
épicerie	**pārtikas veikals**	**paar**tikass **vei**kalss
grand magasin	**universālveikals**	**ou**niversaalveikalss
librairie	**grāmatveikals**	**graa**matveikalss
marchand de journaux	**avīžu kiosks**	**a**viijou **ki**osks
pharmacie	**aptieka**	**ap**tieka
supermarché	**pārtikas lielveikals**	**paar**tikas **liel**veikalss
toilettes	**tualetes**	**tou**aletess

Expressions générales *Vispārēji izteicieni*

Où se trouve le quartier commerçant?	**Kur ir galvenais iepirkšanās centrs?**	kour ir **gal**venaïss **ie**pirkchanaass tsentrss
Avez-vous …?	**Vai jums ir …**	vaï joumss ir
N'auriez-vous pas quelque chose de …?	**Vai jums ir kas …?**	vaï youms ir kass
mieux	**labāks**	**la**baakss
moins cher	**lētāks**	**lee**taakss
plus grand	**lielāks**	**lie**laakss
plus petit	**mazāks**	**ma**zaakss
Puis-je l'essayer?	**Vai es varu uzmēģināt?**	vaï ess **va**rou **ouz**meeguinaat
Combien coûte ceci?	**Cik tas maksā?**	tsik tass **mak**saa
Pourriez-vous l'écrire, s'il vous plaît?	**Lūdzu uzrakstiet.**	**lōū**dzou **ouz**rakstiett
Non, cela ne me plaît pas.	**Nē, man tas nepatīk.**	nee man tass **ne**patiik
Je le prends.	**Es to ņemšu.**	ess toi **nyem**chou
Acceptez-vous les cartes de crédit?	**Vai varu maksāt ar kredītkarti?**	vaï **va**rou **mak**saatt ar **kre**diitkarti

CHIFFRES, voir page 93

blanc	**balts**	baltss	noir	**melns**	melns
bleu	**zils**	zilss	orange	**oranžs**	orangess
brun	**brūns**	brōūnss	rouge	**sarkans**	**sar**kanss
jaune	**dzeltens**	**dzel**tenss	vert	**zaļš**	zalch

Je voudrais acheter …	**Es vēlos pirkt …**	ess **vee**loss pirktt
aspirine	**aspirīnu**	**as**piriinou
carte postale	**pastkarti**	**past**karti
crème solaire	**sauļošanās krēmu**	**saou**lyoichanaass **kree**mou
dentifrice	**zobu krēmu**	**zoi**bou **kree**mou
journal	**avīzi**	**a**viizi
français	**francijas**	**fran**tsiyass
canadien	**kanādas**	**ka**naadass
piles	**baterijas**	**ba**teriyass
savon	**ziepes**	**zie**pess
shampooing	**šampūnu**	**champ**pōūnou
un demi-kilo de pommes	**puskilogramu ābolu**	pous**ki**logramou **aa**boilou
un litre de lait	**litru piena**	**lit**rou **pie**na
Je voudrais une pellicule …	**Es vēlos … filmu šim**	ess **vee**loiss ... **fil**mou chimm
pour cet appareil.	**fotoaparātam.**	**fo**toaparaatam
en noir et blanc	**melnbaltu**	**meln**baltou
en couleurs	**krāsu**	**kraa**ssou
Une coupe de cheveux, s'il vous plaît.	**Es vēlos apgriest matus.**	ess **vee**loiss **ap**grieztt **ma**touss

Souvenirs *Suvenīri*

adījumi	**a**diiyoumi	tricots
audumi	**aou**doumi	textiles et broderie
dzintars	**dzin**tarss	bijoux en ambr
keramika	**ke**ramika	céramiques et poteries
kokgriezumi	**koik**griezoumi	sculptures sur bois
tautiskas lelles	**taou**ttiskas **lel**less	poupées en costume national

À la banque *Bankā*

Où est la banque la plus proche?	**Kur ir tuvākā banka?**	kour ir **tou**vaakaa **ban**ka
Où y a-t-il un bureau de change?	**Kur ir naudas apmaiņas birojs?**	kour it **naou**das **ap**maïnyass **bi**roïss
Je voudrais changer des francs/ dollars en des lats.	**Es vēlos apmainīt dažus frankes/ dolārus latos.**	ess **vee**loiss **ap**maïniitt **da**jouss **fran**kess/ **do**laarouss **la**toiss
Quel est le cours du change?	**Kāds ir maiņas kurss?**	kaads ir **maï**nyass kourss

À la poste *Pastā*

Je voudrais envoyer ceci …	**Es vēlos nosūtīt šo pa …**	ess **vee**loiss **no**ssōūtiitt cho pa
par avion	**gaisa pastu**	**gaï**ssa **pas**tou
Je voudrais … timbres à … lats/samtimus.	**Es vēlos … latu/ santīmu pastmarkas.**	ess **vee**loiss ... **la**tou/ **san**tiimou **past**markass
Quel est le tarif d'une lettre pour France?	**Cik maksā vēstule uz Franciju?**	tsik **mak**saa **vees**toulé ouz **fran**tsiyou
Y a-t-il du courrier pour moi?	**Vai man ir pienācis kāds pasta sūtījums?**	vaï man ir **pie**naatsiss kaads **pas**ta **sou**tiiyoumss

Téléphone *Telefona sarunas*

Où se trouve le téléphone public le plus proche?	**Kur ir tuvākais telefona automāts.**	kour ir **tou**vaakaïss **te**lefona **aou**tomaatss
Puis-je utiliser votre téléphone?	**Vai es drīkstu lietot jūsu telefonu?**	vaï ess **driiks**tou **lie**toit **youou**ssou **te**lefonou
Allo. C'est …	**Hallo. Te runā …**	**al**loo. té **ru**naa
Je désire parler à …	**Es vēlos runāt ar …**	ess **vee**loiss **rou**naatt ar
Quand sera-t-il/elle de retour?	**Kad viņš/ viņa atgriezīsies?**	kad vinych/ **vi**nya **at**grieziissies
Veuillez lui dire que j'ai appelé.	**Lūdzu pasakiet viņam/viņai, ka es zvanīju.**	**lōū**dzou **pas**sakiett **vi**nyam/**vi**nyaï ka ess **zva**niiyou

CHIFFRES, voir page 93

L'heure et la date *Laiks un datums*

Il est …	**Tagad ir …**	**ta**gad ir
une heure cinq	**piecas minūtes pāri vieniem**	**pie**tsass **mi**nououtess **paa**ri **vie**niem
trois heures et quart	**ceturksnis pāri trijiem**	**tse**tourksniss **paa**ri **tri**yiem
cinq heures vingt	**divdesmit minūtes pāri pieciem**	**div**desmit **mi**nououtess **paa**ri **pie**tsiem
sept heures et demie	**pusastoņi**	**pouss**astonyi
neuf heures moins vingt-cinq	**divdesmit piecas minūtes pirms deviņiem**	**div**desmit **pie**tsass **mi**nououtess pirms **de**vinyiem
dix heures moins dix	**desmit pirms desmitiem**	**des**mit pirms **des**mitiem
midi/minuit	**divpadsmit dienā/pusnakts**	**div**patsmit **die**naa/**pus**naktss
le matin	**no rīta**	no **rii**ta
pendant la journée	**pa dienu**	pa **die**nou
le soir	**vakarā**	**va**karaa
la nuit	**naktī**	**nak**tii
hier/aujourd'hui	**vakar/šodien**	**va**kar/**cho**dien
demain	**rīt**	riit
printemps/été	**pavasaris/vasara**	**pa**vassariss/**va**ssara
automne/hiver	**rudens/ziema**	**rou**denss/**zie**ma

Chiffres *Skaitļi*

0	**nulle**	**noul**le	11	**vienpadsmit**	**vien**padsmitt
1	**viens**	vienss	12	**divpadsmit**	**div**padsmitt
2	**divi**	**di**vi	13	**trīspadsmit**	**triis**padsmitt
3	**trīs**	triiss	14	**četrpadsmit**	**tchetr**padsmitt
4	**četri**	**tchet**ri	15	**piecpadsmit**	**piets**padsmitt
5	**pieci**	**pie**tsi	16	**sešpadsmit**	**sech**padsmitt
6	**seši**	sechi	17	**septiņpadsmit**	**sep**tinepadsmitt
7	**septiņi**	**sep**tinyi	18	**astoņpadsmit**	**as**tognpadsmitt
8	**astoņi**	**as**togni	19	**deviņpadsmit**	**de**vignpadsmitt
9	**deviņi**	**de**vigni	20	**divdesmit**	**div**desmitt
10	**desmit**	**des**mit	21	**divdesmit viens**	**div**desmitt **vienss**

30	**trīsdesmit**	**riis**desmitt
40	**četrdesmit**	**tchetr**desmitt
50	**piecdesmit**	**piets**desmitt
60	**sešdesmit**	**sech**desmitt
70	**septiņdesmit**	**sep**tigndesmitt
80	**astoņdesmit**	**as**togndesmitt
90	**deviņdesmit**	**de**vigndesmitt
100/1000	**simts/tūkstots**	simts/**tōūk**stots
premier	**pirmais**	**pir**maïs
deuxième	**otrais**	**oit**raïss
une fois/deux fois	**vienreiz/divreiz**	**vien**reiz/**di**vreiz
une moitié/un quart	**puse/ceturtdaļa**	**pou**ssé/**tse**tourdalya

lundi	**pirmdiena**	**pirm**diena
mardi	**otrdiena**	**oitr**diena
mercredi	**trešdiena**	**trech**diena
jeudi	**ceturtdiena**	**tse**tourtdiena
vendredi	**piektdiena**	**piekt**diena
samedi	**sestdiena**	**sest**diena
dimanche	**svētdiena**	**sveet**diena
janvier	**janvāris**	**yan**vaariss
février	**februāris**	**feb**rouaariss
mars	**marts**	marts
avril	**aprīlis**	**ap**riiliss
mai	**maijs**	maïyss
juin	**jūnijs**	**yōū**niyss
juillet	**jūlijs**	**yōū**liyss
août	**augusts**	**aou**goustss
septembre	**septembris**	**sep**tembriss
octobre	**oktobris**	**ok**tobriss
novembre	**novembris**	**no**vembriss
décembre	**decembris**	**de**tsembriss

Urgences *Steidzīgi nepieciešama palīdzība*

Allez-vous-en	**Ejiet projām**	**e**yiett **pro**yaam
Appelez la police	**Izsauciet policiju**	**iz**saoutsiett **po**litsiyou
Appelez un médecin	**Izsauciet ārstu**	**iz**saoutsiett **aar**stou
AU SECOURS	**PALĪGĀ**	**pa**liigaa

TÉLÉPHONE, voir page 92

AU VOLEUR	**ĶERIET ZAGLI**	**ky**eryiet **zag**li
Je me suis perdu(e)	**Es nezinu kur atrodos**	ess **ne**zinou kour **at**roidoiss
Je suis malade	**Es esmu slims (slima)**	ess **es**mou slimss (**sli**ma)
On m'a volé …	**Mans ... ir nozagts**	manss ... ir **no**zagtss
J'ai perdu mon/ma/mes …	**Es esmu pazaudējis (-jusi) savu ...**	ess **es**mou **pa**zaoudeeyiss (-youssi) **sa**vou
bagages	**bagāžu**	**ba**gaajou
passeport	**pasi**	**pas**si
portefeuille	**naudas maku**	**naou**dass **ma**kou
sac à main	**rokas somu**	**roi**kass **soi**mou
Où puis-je trouver un médecin qui parle français?	**Kur es varu atrast ārstu, kas runā franciski?**	kour ess **va**rou **a**trastt **aar**stou kas **rou**naa **fran**tsiski

Guide de prononciation lettonne

Notes:

1) Le letton distingue clairement entre les voyelles longues (**ā**, **ē**, **ī**, **ū**) et les voyelles brèves (**a**, **e**, **i**, **u**).
2) En letton l'accent porte toujours sur la première syllabe d'un mot.
3) Les consonnes sourdes (**ğ**, **ķ**, **ļ**, **ņ**) sont palatisées devant les voyelles en pressant le haut de la langue contre le palais.

Consonnes

Lettre	Prononciation approximative	Symbole	Exemple	
c	comme **ts** dans **ts**ar	ts	**cik**	tsik
č	comme **tch** dans **tch**èque	tch	**četri**	**tche**tri
dz	comme **ds** dans le mot anglais la**ds**	dz	**daudz**	daoudz
dž	comme **dj** dans **Dj**ibouti	dj	**džins**	djinss
ğ	comme **gu** dans **gu**erre	g/gu	**ğimene**	**gui**mené

h	tout au fond de la bouche comme le **r** dans c**r**ochet	kh	**mehāniķis**	**me**khaanikiss
j	comme **y** dans **y**oga	y	**jūnijs**	**yōū**dniyss
ķ	comme **qu** dans **qu**iet	k	**rēķins**	**ree**kinss
ļ	comme **ly** dans il **y** a	ly	**gaļa**	**gal**ya
ņ	comme **ny** dans il **n'y** a pas	ny	**ņemt**	nyemtt
r	comme un **r** bourguignon	r	**roka**	**roi**ka
s	comme **s** dans **s**alade	s	**sieva**	**sie**va
		ss	**slims**	slimss
š	comme **ch** dans **ch**ou	ch	**šodien**	**choi**dïen
ž	comme **j** dans **j**our	j	**daži**	**da**ji

b, **d**, **f**, **g**, **k**, **l**, **m**, **n**, **p**, **t**, **v**, **z** se prononcent comme en français

Voyelles

a	comme **a** dans l**a**me	a	**balts**	balts
ā	extra-long, comme **a** dans t**a**sse	aa	**ābols**	**ahb**walss
e	comme **e** dans r**e**nard	e	**zemenes**	**ze**menes
ē	extra-long, comme **e** dans v**e**rre	eh	**ēdiens**	**eh**deenanss
i	comme **i** dans **i**ci	i	**ilgi**	**il**gui
ī	extra-long, comme **i** dans jaun**i**r	ii	**vīrs**	viirss
o	1) comme **oi** dans b**oi**s	oi	**ola**	**oi**la
	2) comme **o** dans b**o**nne	o	**opera**	**o**pera
u	comme **ou** dans s**ou**pe	ou	**kur**	kour
ū	extra-long, comme **ouille** dans br**ouille**	ōū	**lūdzu**	**lōū**dzou

Diphtongues

ai	comme **ai** dans f**ai**re	aï	**maize**	**maï**zé
au	comme **eau** dans bat**eau**	aou	**sauc**	saouts
ei	comme **ei** dans bout**ei**lle	ei	**sveiki**	**svei**ki
ie	comme **ie** dans r**ie**n	yie	**paldies**	**pal**dyiess

Lituanien

Expressions courantes *Pagrindiniai pasakimai*

Oui/Non.	**Taip/Ne.**	taïp/ne
S'il vous plaît.	**Prašau.**	pra**chaou**
Merci.	**Ačiū.**	**atch'**ou
Pardon?	**Atsiprašau.**	atsipra**chaou**

Présentations *Supažindinimai*

Bonjour (matin).	**Labas rytas.**	**la**bas **rii**tas
Bonjour (après-midi).	**Laba diena.**	la**ba** die**na**
Bonne nuit.	**Labąnakt.**	la**ba**nakt
Au revoir.	**Viso gero.**	**vi**sso **guya**ro
Je m'appelle …	**Mano vardas yra …**	**ma**no **var**das ii**ra**
Comment vous appelez-vous?	**Koks Jūsų vardas?**	koks **you**sou **var**das
Comment allez-vous?	**Kaip gyvenate?**	kaïp guii**vya**natè
Très bien, merci.	**Ačiū, gerai.**	**atch'**ou guya**raï**
Et vous?	**O Jūs kaip?**	o yous kaïp
D'où êtes-vous?	**Iš kur Jūs?**	ich kour yous
Je viens de la/du …	**Aš iš …**	ach ich
Belgique	**Belgijos**	**bèl**gijos
Canada	**Kanados**	ka**na**dos
France	**Prancūzijos**	prantsou**zi**yos
Suisse	**Šveicarijos**	chvei**tsa**riyos
Je suis avec	**Aš su …**	ach sou
femme/mari	**žmona/vyru**	jmo**na**/**vii**rou
famille	**šeima**	cheï**ma**
enfants	**vaikais**	vaï**kaïs**
parents	**tėvais**	**tévaïs**
ami/amie	**draugu/drauge**	draou**gou**/draou**guè**
Je suis seul(e).	**Aš vienas (viena).**	ach **vie**nas (vie**na**)
Je suis en vacances/ en voyage d'affaires.	**Aš atostogauju/ komandiruotėje.**	ach atosto**gaou**you/ komandi**rou**téya

Questions *Klausimai*

Quand?/Comment?	**Kada?/Kaip?**	ka**da**/kaïp
Quoi?/Pourquoi?	**Kas?/Kodėl?**	kas/ko**dél**
Qui?/Lequel?	**Kas?/Kuris?**	kas/kou**ris**
Où se trouve/ent …?	**Kur yra …?**	kour ii**ra**
Où puis-je trouver …?	**Kur aš galėčiau nusipirkti/rasti …?**	kour ach ga**létch**'aou noussi**pir**kti/**ras**ti
À quelle distance?	**Ar toli?**	ar to**li**
Combien de temps?	**Ar ilgai?**	ar il**gaï**
Combien?	**Kiek?**	kiek
Puis-je …?	**Ar galėčiau …?**	ar ga**lé**tch'aou
Puis-je avoir …?	**Ar galėčiau …?**	ar ga**lé**tch'aou
Pouvez-vous m'aider?	**Ar negalėtumėte man padėti?**	ar nega**lé**toumétè man pa**dé**ti
Que veut dire ceci?	**Ką tai reiškia?**	kâ taï **rei**chk'a
Je comprends.	**Suprantu.**	soupran**tou**
Je ne comprends pas.	**Nesuprantu.**	nèsoupran**tou**
Pouvez-vous me traduire ceci?	**Ar negalėtumėte man tai išversti?**	ar nèga**lè**toumétè man taï ich**vè**rsti
Parlez-vous français?	**Ar Jūs kalbate prancūziškai?**	ar jous **kal**batè pran**tsou**zichkaï
Je ne parle pas lituanien.	**Aš nakalbu lietuviškai.**	ach nè**kal**bou liet**ou**vichkaï

Autres mots utiles *Keli naudingi žodžiai*

bon/mauvais	**geras/blogas**	**guya**ras/**blo**gas
bon marché/cher	**pigus/brangus**	pi**gous**/bran**gous**
chaud/froid	**karštas/šaltas**	**kar**chtas/**chal**tas
grand/petit	**didelis/mažas**	**di**dèlis/**ma**jas
juste/faux	**teisingas/neteisingas**	tèi**sin**gas/nètèi**sin**gas
libre/occupé	**laisvas/užimtas**	**laï**svas/**ou**jimtas
meilleur/pire	**geresnis/blogesnis**	guè**rès**nis/blo**guès**nis
près/loin	**artimas/tolimas**	**ar**timas/**to**limas
prochain/dernier	**kitas/paskutinis**	**ki**tas/paskou**ti**nis
tôt/tard	**ankstyvas/vėlus**	anks**tii**vas/vé**lous**

Hôtel *Apsistojimas viešbutyje*

J'ai fait réserver.	**Aš esu užsakęs užsakiusi.**	ach **è****ssou** oujsakyas oujs**ak**'ousi
Avez-vous des chambres disponibles?	**Ar turite laisvų kambarių?**	ar **tou**ritè laïsv**ou** kamba**r'ou**
Je voudrais une chambre …	**Aš norėčiau kambario …**	ach no**rè**tch'aou **kam**bar'o
pour une personne	**vienviečio**	vien**vie**tch'o
pour deux personnes	**dviviečio**	dvi**vie**tch'o
avec des lits jumeaux	**su dviem viengulėm lovom**	sou dviem **vien**goulém **lo**vom
avec un grand lit	**su dvigule lova**	sou **dvi**goulè **lo**va
avec bain/douche	**su vonia/dušu**	sou vo**n'a**/dou**chou**
Nous resterons …	**Mes apsistosime …**	myas apsis**to**simè
une nuit seulement	**tik vienai nakčiai**	tik **vie**naï **na**ktch'aï
quelques jours	**keliom dienom**	kèl**'om** die**nom**
une semaine	**savaitei**	sa**vaï**tèï

Décision *Sprendimai*

Puis-je voir la chambre?	**Ar galiu pamatyti kambarį?**	ar gal**'ou** pama**tii**ti **kam**barii
D'accord. Je la prends.	**Puiku. Aš apsistosiu jame.**	pouï**kou.** ach apsis**tos**'ou yam**ya**
Non, elle ne me plaît pas.	**Ne. Man jis nepatinka.**	nè. man yis nèpa**tin**ka
Elle est trop…	**Jis per …**	yis pèr
bruyante	**triukšmingas**	tr'oukch**min**gas
petite/sombre	**mažas/tamsus**	**ma**jas/tam**sous**
Avez-vous quelque chose de …?	**Ar Jūs turite ką nors …?**	ar yous **tou**ritè kâ nors
meilleur/plus grand	**geresnio/didesnio**	guè**rè**sn'o/di**dè**sn'o
meilleur marché	**pigesnio**	pi**guè**sn'o
plus tranquille	**ramesnio**	ra**mè**sn'o
Puis-je avoir ma note, s'il vous plaît?	**Prašau sąskaitos.**	pra**chaou** **sâs**kaïtos
Le séjour a été très agréable.	**Man buvo labai malonu čia apsistoti.**	man **bou**vo la**baï** malo**nou** tch'a apsis**to**ti

JOURS DE LA SEMAINE, voir page 109

Restaurant *Valgymas ne namie*

Je voudrais réserver une table pour 4 personnes.	**Aš norėčiau užsakyti stalą keturiems.**	ach nor**é**tch'aou oujsa**kii**ti **sta**lâ kètou**riems**
Nous viendrons à 8 heures.	**Mes ateisime aštuntą.**	myas a**tèï**simè ach**toun**tâ
Que me recommandez-vous?	**Ką Jūs pasiūlitumėte?**	kâ yous pas'**ou**liitouméte
Avez-vous des plats végétariens?	**Ar Jūs turite vegetariškų valgių?**	ar yous **tou**ritè vèguè**ta**richkou valg**'ou**

Petit déjeuner *Pusryčiai*

Pourrais-je avoir …?	**Aš norėčiau …**	ach no**rè**tch'aou
beurre/confiture	**sviesto/uogienės**	**svie**sto/ouo**gie**nés
fromage	**sūrio**	**sour**'o
jambon	**kumpio**	**koump**'o
œuf	**kiaušinio**	k'aou**chin**'o
pain	**duonos**	**douo**nos
petits pains	**bandėlių**	ban**dyal**'ou

Hors-d'œuvre *Užkandžiai*

ikrai	**ik**raï	caviar
kumpis	**koum**pis	jambon
mišrainė	mich**raï**né	salade
rūkyta dešra	rou**kii**ta dya**chra**	saucisse fumée
silkė	**sil**ké	hareng

au four	**keptas krosnyje**	**kyap**tas **kros**niiya
bouilli	**virtas**	**vir**tas
frit	**keptas keptuvėje**	**kyap**tas kèp**tou**véya
grillé	**keptas ant grotelių**	**kyap**tas ant gro**tyal**'ou
rôti	**kepsnys**	kèp**sniis**
saignant	**ne visai iškeptas**	nè vi**saï** ich**kyap**tas
à point	**vidutiniškai iškeptas**	vidou**ti**nichkaï ich**kyap**tas
bien cuit	**labai sukepintas**	la**baï** sou**kya**pintas

CHIFFRES, voir page 110

Viande *Mėsa*

Je voudrais …	**Norėčiau …**	no**ré**tch'aou
agneau/bœuf	**avienos/jautienos**	a**vie**nos/**yaou**tienos
canard/porc	**antienos/kaulienos**	an**tie**nos/k'aou**lie**nos
poulet/veau	**vištienos/veršienos**	vich**tie**nos/vèr**chie**nos
balandeliai	balan**dél**'aï	roulades de chou farci
galkos	**gahl**kos	boulettes de viande
karbonadas su kopūstais	karbo**na**das sou ko**pou**staïs	côte de porc au chou
pyragas	pii**ra**gas	tourte à la viande
troškinta mėsa	troch**kin**ta mé**sa**	ragoût

Poissons et fruits de mer *Žūvis ir jūros maistas*

marinuotos žuvys su bulvėmis	mari**nouo**tos **jou**viis sou **boul**vémis	poisson mariné aux pommes de terre
silkių ir daržovių sriuba	**sil**k'ou ir dar**jo**v'ou sr'ou**ba**	soupe au hareng et aux légumes
troškinta žuvis	troch**kin**ta jou**vis**	poisson en ragoût
žuvų blyneliai	jou**vou** blii**nyal**'aï	crêpes au poisson
žuvų kukuliai	jou**vou** kou**kou**l'aï	quenelles de poisson frites

Légumes *Daržovės*

champignon	**grybas**	**grii**bas
chou	**kopūstas**	ko**pou**stas
haricots verts	**pupos**	**pou**pos
oignons	**svogūnai**	svo**gou**naï
petits pois	**žirniai**	**jir**n'aï
pommes de terre	**bulvės**	**boul**vés
tomate	**pomidoras**	pomi**do**ras
kopustu sriuba	ko**pou**stou sr'ou**ba**	soupe au chou
šaltibarščiai	chal**tibarch**tch'aï	soupe froide à la betterave
varškėčiai	varch**két**ch'aï	crêpes au fromage blanc caillé
grybų virtinukai	**grii**bou virti**nou**kaï	quenelles aux champignons

Fruits et desserts *Vaisiai ir desertai*

banane	**bananas**	ba**na**nas
citron	**citrina**	tsitri**na**
fraises	**žemuogės**	**jya**mouogués
orange	**apelsinas**	apèl**si**nas
pomme	**obuolys**	obouo**liis**
prune	**slyva**	slii**va**
blyneliai	bli**inyal**'aï	petites crêpes
grietininiai ledai	grieti**nin**'aï lya**daï**	glace
obuolinis pyragas	obouo**li**nis pii**ra**gas	tourte aux pommes
uogų virtinukai	**ouo**gou virti**nou**kaï	fruits enrobés de pâte sucrée

Boissons *Gėrimai*

bière	**alus**	a**lous**
café	**kava**	ka**va**
noir/au lait	**juoda/su pienu**	you**oda**/sou **pie**nou
chocolat (chaud)	**kakava**	kaka**va**
eau minérale	**mineralinis vanduo**	minè**ra**linis van**douo**
jus de fruits	**vaisių sultys**	**vaïs**'ou **soul**tiis
thé	**arbata**	arba**ta**
vin	**vynas**	**vii**nas
blanc/rouge	**baltas/raudonas**	**bal**tas/raou**do**nas
vodka	**degtinė**	dèg**ti**né

Réclamations et l'addition *Nusiskundimai ir atsilyginimai*

C'est trop … amer/sucré	**Tai per … kartu/saldu**	taï pèr kar**tou**/sal**dou**
Ce n'est pas ce que j'ai commandé.	**To aš neužsakiau.**	to ach nèoujsa**k'aou**
L'addition, s'il vous plaît.	**Aš norėčiau užmokėti.**	ach no**rétch**'aou oujmo**ké**ti
Je crois qu'il y a une erreur dans l'addition.	**Aš manau, kad Jūs suklidote sąskaitoje.**	ach ma**naou** kad yous souk**lii**dotè **sâ**skaïtoya
C'était très bon, merci.	**Ačiu, tai mums patiko.**	**a**tch'ou taï moums pa**ti**ko

CHIFFRES, voir page 110

Excursions *Keliavimas*

Avion *Lėktuvas*

Y a-t-il un vol pour Vilnius?	**Ar yra reisas į Vilnių?**	ar ii**ra rèi**sas ii **vil**n'ou
À quelle heure est l'enregistrement?	**Kurią valandą man reikės registruotis?**	kour**'â va**landâ man reï**kès** règuistr**ouo**tis
Je voudrais … ma réservation.	**Aš norėčiau rezervuoti vietą reisui …**	ach no**ré**tch'aou rezer**vouo**ti **vie**tâ **rèi**souï
annuler/changer	**anuliuoti/pakeisti**	anou**l'ouo**ti/pa**kèi**sti
confirmer	**patvirtinti**	pat**vir**tinti

Train *Traukinys*

Je voudrais un billet pour Shiauliai.	**Aš norėčiau bilieto į Šiaulius.**	ach no**ré**tch'aou **bi**lieto i ch'aoul**'ous**
aller simple	**į vieną pusę**	i **vie**na **pou**sya
aller-retour	**ir atgal**	ir at**gal**
première/deuxième classe	**pirma/antra klasė**	pir**ma**/ant**ra kla**sé
Combien de temps dure le trajet?	**Kiek trunka kelionė?**	kiek **troun**ka kèl**'o**nè
Quand part le … train pour Kaunas?	**Kada išvyksta … traukinys į Kauną?**	ka**da** ichv**ii**ksta … traouki**niis** ii **kaou**nâ
premier/prochain	**pirmas/kitas**	pir**mas**/**ki**tas
dernier	**paskutinis**	paskou**ti**nis

Bus—Tram *Autobusas—Troleibusas*

Quel bus va au centre-ville?	**Kokiu autobusu važiuoti į miesto centrą?**	**kok**'ou aoutobou**sou** va**j'ouo**ti ii **mies**to **tsèn**trâ
Quel est le prix du trajet jusqu'à…?	**Kiek kainuoja bilietas …?**	kiek kai**nou**ya **bi**lietas
Pourriez-vous me dire quand je dois descendre?	**Prašau man pasakyti kur išlipti.**	**pra**chaou man pasa**kii**ti kour ich**lip**ti

HEURES, voir page 109

Taxi *Taksi*

Quel est le tarif pour …?	**Kiek kainuoja nuvažiuoti į …?**	kiek kai**nouo**ya nouva**j'ouo**ti ii
Conduisez-moi à cette adresse.	**Nuvežkite mane į šiuo adresu.**	nou**vè**jkitè ma**nya** ch'ouo **ad**rèsou
Arrêtez-vous ici, s'il vous plaît.	**Prašau čia sustoti.**	pra**chaou** tch'a sous**toti**

Location de voitures *Automobilių nuoma*

Je voudrais louer une voiture.	**As norėčiau išsinuomoti automobilį.**	ach no**ré**tch'aou ichsi**nouo**moti aoutomo**bi**lii
Je la voudrais pour un jour/ une semaine.	**Aš norėčiau jį išsinuomoti per dienąi/savaitęi.**	ach no**ré**tch'aou yii ichsi**nouo**moti per? **die**naï/sa**vaï**teï
Où est la station-service la plus proche?	**Kur yra artimiausia degalinė?**	kour ii**ra** arti**m'aous**'a dèga**li**nè
Le plein, s'il vous plaît.	**Prašau pilną benzino baką.**	pra**chaou pil**nâ bèn**zi**no **ba**kâ
Donnez-moi … litres d'essence.	**Prašau … benzino litrų.**	pra**chaou …** bèn**zi**no **li**trou
Pour aller à …?	**Kaip patekti į …?**	kaïp pa**tèï**kti ii
Je suis tombé en panne à …	**Mano automobilis sugedo prie …**	**ma**no aoutomo**bi**lis soud**ya**guo prie
Pouvez-vous envoyer un mécanicien?	**Ar galite atsiųsti mechaniką?**	ar **ga**litè ats'**ou**sti mèkha**ni**kâ
Pourriez-vous réparer ce pneu?	**Ar galite pataisyti prakiurusią padangą?**	ar **ga**litè pataï**sii**ti prak'**ou**rous'â **pa**dangâ

☞ Vous êtes sur la mauvaise route.	**Tai klaidingas kelias.** ☜
Allez tout droit.	**Važiuokite tiesiai.**
C'est là-bas à …	**Tai yra ten …**
gauche/droite	**į kairę/į dešinę**
en face de/à côté de/ au-delà de …	**priešais/šalia/ paskui …**
nord/sud/est/ouest	**į šiaurę/į pietus/į rytus/į vakarus**

CHIFFRES, voir page 110

Visites touristiques *Įžymybių apžiūrėjimas*

Où se trouve le syndicat d'initiative?	**Kur yra turistų biuras?**	kour ii**ra** tou**ris**tou **b'ou**ras
Y a-t-il un guide qui parle français?	**Ar yra gidas, kuris kalba prancūsiškai**	ar ii**ra gui**das kou**ris kal**ba pran**tsou**zichkaï
Où se trouve/ent ...?	**Kur yra ...?**	kour ii**ra**
cathédrale	**katedra**	**ka**tèdra
centre (de la ville)	**miesto centras**	**mies**to **tsen**tras
château	**pilis**	pi**lis**
exposition	**paroda**	paro**da**
jardin zoologique	**zoologijos sodas**	zoo**lo**guiyos **so**das
jardins botaniques	**botanikos sodas**	bo**ta**nikos **so**das
magasins	**parduotuvės**	pardouo**tou**vés
marché	**turgus**	**tour**gous
musée	**muziejus**	mou**zie**yous
plage	**pliažas**	**pl'a**jas
port	**uostas**	**ouos**tas
À quelle heure ouvre/ ferme-t-il/elle?	**Kada atidaroma/ uždaroma?**	ka**da** ati**da**roma/ ouj**da**roma
Combien coûte l'entrée?	**Kiek kainuoja mokestis už įėjimą?**	kiek kaï**nouo**ya **mo**kèstis ouj ié**yi**mâ

Divertissements *Linksminimas*

Que joue-t-on au Théâtre ...?	**Kokia pjesė bus ... teatre?**	ko**k'a pyè**sé bous ... théa**tre**
Combien coûtent les places?	**Kiek kainuoja vietos?**	kiek kaï**nouo**ya **vie**tos
Voulez-vous sortir avec moi ce soir?	**Ar norėtumete su manimi šį vakarą pasivaikščioti?**	ar no**ré**toumètè sou mani**mi** chi **va**karâ passi**vaï**kchtch'oti
Y a-t-il une discothèque en ville?	**Ar yra diskotėka mieste?**	ar ii**ra** diskotè**ka** mies**tè**
Voulez-vous danser?	**Ar norėtumete pašokti?**	ar no**ré**toumètè **pa**chokti
Merci, j'ai passé une merveilleuse soirée.	**Ačiū. Buvo puikus vakaras.**	atch'ou. **bou**vo pouï**kous va**karas

HEURES/JOURS DE LA SEMAINE, voir page 109

Magasins et services *Parduotuvės ir aptarnavimas*

Où est … le/la plus proche?	**Kur yra artimiausia …?**	kour ii**ra** artim**'aou**s'a
boulangerie	**duonos parduotuvė**	**douo**nos pardouo**tou**vé
bureau de poste	**paštas**	**pach**tas
coiffeur	**kirpejas**	kir**pé**yas
dentiste	**dantų gydytojas**	dan**tou** **guii**diitoyas
épicierie	**bakalejos krautuvė**	baka**lé**yos **kraou**touvé
grand magasin	**universaline parduotuvė**	ouniver**sa**line pardouo**tou**vé
librairie	**knygynas**	knii**guii**nas
marchand de journaux	**laikraščių pardavėjas**	**laï**krachtch'ou parda**vé**yas
pharmacie	**vaistinė**	**vaï**stiné
supermarché	**savitarnos parduotuvė**	sa**vi**tarnos pardouo**tou**vé

Expressions générales *Bendros frazes*

Où se trouve le quartier commerçant?	**Kur yra pagrindinis prekybos centras?**	kour ii**ra** pagrin**di**nis prya**kii**bos **tsèn**tras
Avez-vous …?	**Ar turite …?**	ar **tou**ritè
Pouvez-vous me montrer ceci/cela?	**Ar galėtumete man parodyti …?**	ar gua**lé**toumétè man pa**ro**diiti
N'auriez-vous pas quelque chose de …?	**Ar turite ką nors …?**	ar **tou**ritè kâ nors
mieux/moins cher	**geresnį/pigesnį**	guè**rès**nii/pi**guès**nii
plus grand/plus petit	**didesnį/mažesnį**	di**dès**nii/ma**jès**nii
Puis-je l'essayer?	**Ar galėčiau jį pasimatuoti?**	ar ga**lé**tch'aou yii pasima**touo**ti
Combien coûte ceci?	**Kiek tai kainuoja?**	kiek taï kaï**nouo**ya
Pourriez-vous l'écrire, s'il vous plaît?	**Prašau užrašyti.**	pra**chaou** oujra**chii**ti
Non, cela ne me plaît pas.	**Ne, tai man nepatinka.**	nè taï man nèpa**tin**ka
Je le prends.	**Aš perku.**	ach per**kou**
Acceptez-vous les cartes de crédit?	**Ar priimate kredito kortelės?**	ar **pri**imatè krè**di**to kortya**lès**

CHIFFRES, voir page 110

blanc	**baltas**	**bal**tas	noir	**juodas**	**youo**das
bleu	**melynas**	**mé**liinas	orange	**oranžinis**	**oran**jinis
brun	**rudas**	**rou**das	rouge	**raudonas**	raou**do**nas
jaune	**geltonas**	guèl**to**nas	vert	**žalias**	**jal**'as

Je voudrais acheter ...	**Aš norėčiau nusipirkti ...**	ach no**ré**tch'aou noussi**pir**kti
aspirine	**aspirino**	aspi**ri**no
crème solaire	**saulės įdegimo kremą**	**saou**lés iidè**gui**mo **krè**mâ
dentifrice	**dantų pastos**	dan**tou pas**tos
journal	**laikraštį**	**laï**krachti
français	**prancūzišką**	pran**tsou**jichkâ
canadien	**kanadišką**	ka**na**dichkâ
piles	**baterijų**	ba**tè**riyou
savon	**muilo**	**mouï**lo
shampooing	**šampuną**	cham**pou**na
un demi-kilo de pommes	**pusę kilogramo obuolių**	**pou**sya kilo**gra**mo obouo**l'ou**
un litre de lait	**litrą pieno**	**li**trâ **pie**no
Je voudrais une pellicule ... pour cet appareil.	**Aš norėčiau ... juostos šiam fotoaparatui.**	ach no**ré**tch'aou ... **youo**stos ch'am fotoapa**ra**touï
en noir et blanc	**nespalvotos**	nèspal**vo**tos
en couleurs	**spalvotos**	spal**vo**tos
Une coupe de cheveux, s'il vous plaît.	**Aš norėčiau apsikirpti.**	ach no**ré**tch'aou apsi**kir**pti

Souvenirs *Suvenyrai*

gintariniai karoliai	guinta**rin**'aï ka**rol**'aï	collier d'ambre
medžio dirbiniai	**myad**j'o dir**bin**'aï	sculptures sur bois
šalikas	**cha**likas	châle
tautiška lėlė	**taou**tichka lé**lé**	poupées en costume national
vario sage	**var**'o sa**gué**	broche en cuivre

À la banque *Banke*

Où est la banque/le bureau de change le/la plus proche?	**Kur yra artimiausias bankas/valiutos keitimo punktas?**	kour ii**ra** arti**m'aou**s'as **ban**kas/val**liou**tos kèï**ti**mo **poun**ktas
Je voudrais changer des francs/dollars en des lits.	**Aš norėčiau iškeisti frankus/ dolerius į litus.**	ach no**rétch**'aou **ich**kèïsti **fran**kous/ **do**lerious ii li**tous**
Quel est le cours du change?	**Koks yra valiutos kursas?**	koks ii**ra** va**l'ou**tos **kour**sas

À la poste *Pašte*

Je voudrais envoyer ceci …	**Aš norėčiau šį pasiusti …**	ach no**rétch**'aou pa**ss'ou**ssti chii
par avion	**oro paštu**	oro pach**tou**
par exprès	**skubu persiuntimu**	skou**b'ou** **pyar**s'ountimou
Je voudrais … timbres à 10 lits.	**Aš norėčiau … dešimties litų pašto ženklų**	ach no**rétch**'aou … dyachim**ties li**tou **pach**to jyan**klou**
Quel est le tarif d'une carte postale/lettre pour France?	**Kiek kainuoja pašto ženklas laiškui/ atvirukai į Prancūzija?**	kiek kaï**nouo**ya **pach**to **jyan**klas **laïch**kouï/ atvi**rou**kouï ii pran**tsou**ziyâ
Y a-t-il du courrier pour moi?	**Ar man yra atsiustas korespondencija?**	ar man ii**ra at**s'ousta korèspon**dèn**tsiya

Téléphone *Telefonas*

Où se trouve le téléphone public le plus proche?	**Kur yra artimiausias telefonas automatas?**	kour ii**ra** arti**m'aou**s'as tèlè**fo**nas aouto**ma**tas
Allo. C'est …	**Alio. Čia kalba …**	a**l'o**. tch'a **kal**ba
Je désire parler à…	**Aš norėčiau kalbėtis su …**	ach no**rétch**'aou kal**bé**tis sou
Quand sera-t-il/elle de retour?	**Kada jis/ji bus namie?**	ka**da** yis/yi bouss na**mie**
Veuillez lui dire que j'ai appelé.	**Prašau pasakyti jam/jai kad aš skambinau?**	pra**chaou** pasa**kii**ti yam/jaï kad ach **skam**binaou

L'heure et la date *Laikas ir data*

Il est …	**Dabar …**	da**bar**
une heure cinq	**penkios minutės po pirmos**	**pènk**'os mi**nou**tés po pir**mos**
trois heures et quart	**penkiolika minučių po trijų**	pèn**k'o**lika mi**nou**tch'ou po tri**you**
cinq heures vingt	**dvidešimt minučių po penkių**	**dvi**dyachimt mi**nou**tch'ou po pèn**k'ou**
sept heures et demie	**pusė aštuonių**	**pou**sé achtouo**n'ou**
neuf heures moins vingt-cinq	**aštuonios trisdešimt penkios**	ach**touo**n'os **tris**dyachimt **pèn**k'os
dix heures moins dix	**be dešimt minučių desimt**	bè **dya**chimt mi**nou**tch'ou **dya**chimt
midi	**vidurdienis**	vi**dour**dienis
minuit	**vidurnaktis**	vi**dour**naktis

lundi	**pirmadienis**	pir**ma**dienis
mardi	**antradienis**	an**tra**dienis
mercredi	**trečiadienis**	trè**tch'a**dienis
jeudi	**ketvirtadienis**	kètvir**ta**dienis
vendredi	**penktadienis**	pènk**ta**dienis
samedi	**šeštadienis**	chèch**ta**dienis
dimanche	**sekmadienis**	sèk**ma**dienis
janvier	**sausio**	**saou**s'o
février	**vasario**	va**sar**'o
mars	**kovo**	**ko**vo
avril	**balandžio**	ba**land**j'o
mai	**gegužės**	guègou**jés**
juin	**birželio**	birj**yal**'o
juillet	**liepos**	**lie**pos
août	**rugpiučio**	roug**pyou**tch'o
septembre	**rugsėjo**	roug**sé**yo
octobre	**spalio**	**spal**'o
novembre	**lapkričio**	**lap**kritch'o
décembre	**gruodžio**	**grouo**dj'o

CHIFFRES, voir page 110

le matin	**rytą**	**riitâ**
pendant la journée	**po pietų**	po pie**tou**
le soir	**vakare/vakarą**	vaka**rya**/**va**karâ
la nuit	**nakties**	nak**ties**
hier/aujourd'hui	**vakar/šiandien**	**va**kar/**ch'an**dien
demain	**rytoj**	rii**toy**
printemps/été	**pavasaris/vasara**	pa**va**ssaris/**va**sara
automne/hiver	**ruduo/žiema**	rou**douo**/jie**ma**

Chiffres *Skaičiai*

0	**nulis**	**nou**lis	11	**vienuolika**	vie**nouo**lika
1	**vienas**	**vie**nas	12	**dvylika**	**dvii**lika
2	**du**	dou	13	**trylika**	**trii**lika
3	**trys**	triis	14	**keturiolika**	kya**tour**'olika
4	**keturi**	kyatou**ri**	15	**penkiolika**	pèn**k'o**lika
5	**penki**	pèn**ki**	16	**šešiolika**	chè**ch'o**lika
6	**šeši**	chè**chi**	17	**septyniolika**	sèptii**n'o**lika
7	**septyni**	sèptii**ni**	18	**aštuoniolika**	achtouo**n'o**lika
8	**aštuoni**	achtouo**ni**	19	**devyniolika**	dèvii**n'o**lika
9	**devyni**	dèvii**ni**	20	**dvidešimt**	**dvi**gyachimt
10	**dešimt**	**dya**chimt	21	**dvidešimt vienas**	**dvi**dyachimt **vie**nas

30	**trisdešimt**	**tris**dyachimt
40	**keturiasdešimt**	**kya**tour'asdyachimt
50	**penkiasdešimt**	**pèn**k'adyachimt
60	**šešiasdešimt**	**chya**ch'asdyachimt
70	**septyniasdešimt**	sèp**tiin**'asdyachimt
80	**aštuoniasdešimt**	ach**touo**n'asdyachimt
90	**devyniasdešimt**	dè**viin**'asdyachimt
100/1000	**simtas/tūkstantis**	**chim**tas/**touk**stantis
premier	**pirmas**	**pir**mas
deuxième	**antras**	**an**tras
troisième	**trečias**	**trya**tch'as
une fois	**karta**	**kar**tâ
deux fois	**dukart**	**dou**kart
une moitié	**pusė**	**pou**ssé
un quart	**ketvirtis**	**kyat**virtis

Urgences *Krastutinis atvėjis*

Appelez la police	**Pakvieskite policiją**	pa**kvies**kitè po**li**tsiya
Appelez un médecin	**Pakvieskite gydytoją**	pa**kvies**kitè **guii**diitoya
Allez-vous en	**Eikit šalin**	**èï**kit cha**lin**
AU SECOURS	**GELBĖKITE**	**guyal**békitè
Je suis malade	**Aš nes veikuoju/ sergu**	ach nès vèï**kouo**you/ syar**gou**
Je me suis perdu(e)	**Aš pasiklydau**	ach passi**klii**daou
ATTENTION	**SAUGOKITĖS**	**sa**ougokités
AU VOLEUR	**LAIKYKITE VAGĮ**	laï**kii**kitè **va**guii
On m'a volé …	**Mano…yra pavogtas**	**ma**no…ii**ra pa**vogtas
J'ai perdu …	**Pamėčiau … savo**	**pa**myatch'aou … **sa**vo
bagages/passeport	**bagažą/pasą**	ba**ga**jâ/**pa**sâ
portefeuille	**piniginę**	pini**gui**nya
sac à main	**rankinė**	**ran**kinya
Où puis-je trouver un médecin qui parle français?	**Kur galiu rasti gydytoją, kuris kalba prancūziškai?**	kour ga**l'ou ras**ti **guii**diitoyâ kou**ris kal**ba pran**tsou**zichkaï

Guide de prononciation lituanienne

Notes:

L'alphabet lituanien a 32 lettres. Elles se prononcent toutes.

1) Les voyelles lituaniennes peuvent être longues ou brèves.
2) Les consonnes sont soit dures, soit mouillées. Les consonnes suivies par **e**, **ę**, **ė**, **i**, **į** et **y** sont toujours mouillées. Les consonnes suivies par les voyelles **a**, **ą**, **o**, **u**, **ū** et **ų** sont toujours dures. Devant **i** toutes les consonnes sont mouillées.

Consonnes

Lettre	Prononciation approximative	Symbole	Exemple	
b	comme **b** dans **b**ateau	b	**batas**	**ba**tas
c	comme **ts** dans **ts**ar	ts	**caca**	tsa**tsa**
č	comme **tch** dans **tch**èque	tch	**čia**	tch'a
d	comme **d** dans **d**anser	d	**dabar**	da**bar**
f	comme **f** dans **f**arce	f	**faktas**	**fak**tas
g	comme **g** dans **g**are	g/gu	**gamta**	gam**ta**

TÉLÉPHONE, voir page 108

h	**h** aspiré comme dans **h**ache	h	**humoras**	**hou**moras
j	comme **y** dans **y**oga	y/ï	**japonas**	ya**po**nas
k	comme **k** dans **k**ilo	k	**kada**	**ka**da
l	généralement très en arrière comme le mot anglais we**ll**	l	**labas**	**la**bas
m	comme **m** dans **m**atin	m	**mama**	ma**ma**
n	comme **n** dans **n**ature	n	**namas**	**na**mas
p	comme **p** dans **p**ère	p	**pasas**	**pa**sas
r	toujours très roulé	r	**ranka**	ran**ka**
s	comme **s** dans **s**alade	s/ss	**saga**	sa**ga**
š	comme **ch** dans **ch**at	ch	**šalis**	cha**lis**
t	comme **t** dans **t**able	t	**tu**	tou
v	comme **v** dans **v**ert	v	**valanda**	valan**da**
z	comme **z** dans **z**éphir	z	**zona**	zo**na**
ž	comme **j** dans **j**our	j	**žodias**	**jo**dis

Voyelles

a	comme **a** dans p**a**tte	a	**kad**	kad
ą	comme **â** dans p**â**te	â	**rąstas**	**râs**tas
e	comme **ya** dans **ya**ourt	ya	**geras**	**guya**ras
	comme **è** dans p**è**re	è	**nešti**	**nèch**ti
ę	comme **ya** dans **ya**ourt, mais long	ya	**manęs**	ma**nyas**
ė	comme **é** dans **é**tal	é	**katė**	ka**té**
i	comme **i** dans m**i**mosa, très bref	i	**kiskis**	**kich**kis
į	comme **i** dans s**i**re, très long	ii	**įsti**	**liis**ti
y	comme **i** dans p**i**re, très long	ii	**pykti**	**piik**ti
o	comme **o** dans b**o**nne	o	**oras**	**o**ras
u	comme **ou** dans t**ou**t, très bref	ou	**tu**	tou
ų	comme **ou**, très long	ou	**namų**	na**mou**
ū	comme **ou** dans p**ou**r, très long	ou	**lūpa**	**lou**pa

Diphtongues

ai	comme **aille** dans vol**aille**	aï	**laikas**	**lai**kas
au	comme **aou** dans c**aou**tchouc	aou	**Kaunas**	**kaou**nas
ei	comme **eil** dans sol**eil**	eï	**eiti**	**eï**ti
ie	comme **ieu** dans D**ieu**	ie	**diena**	die**na**
ui	comme **ouille** dans f**ouille**	ouï	**puikus**	pouï**kous**
uo	les deux sons **ou** et **o** prononcés ensemble	ouo	**duona**	**douo**na

Polonais

Expressions courantes *Podstawe wyrazy*

Oui/Non.	**Tak/Nie.**	tak/gnè
S'il vous plaît.	**Proszę.**	**pro**chè
Merci.	**Dziękuję.**	dz^{y}èng**kou**yè
Pardon.	**Przepraszam.**	pchè**pra**cham

Présentations *Przedstawianie się*

Bonjour	**Dzień dobry.**	dz^{y}ègn **do**bry
Bonsoir	**Dzień wieczór.**	**do**bré **viè**tschour
Bonne nuit.	**Dobranoc.**	do**bra**nots
Au revoir.	**Do widzenia.**	do vi**dzè**gna
Je m'appelle …	**Nazywam się …**	na**zè**vam s^{y}è
Comment vous appelez-vous?	**Jak się pan[i] nazywa?**	yak s^{y}è pan[gni] na**zé**va
Comment allez-vous?	**Jak się pan[i] miewa?**	yak s^{y}è pan[gni] **myè**va
Très bien, merci. Et vous?	**Bardzo dobrze, dziękuję. A pan[i]?**	**bar**dzo **do**bjè, dz^{y}èng**kou**yè. a pan[gni]
D'où êtes-vous?	**Skąd pan[i] pochodzi?**	skont pan[gni] po**KHO**dz^{y}i
Je viens de la/du …	**Jestem z …**	^{y}**è**stèm s
Belgique	**Belgia**	**bèl**gya
Canada	**Kanada**	ka**na**da
France	**Francja**	**frant**sya
Suisse	**Szwajcaria**	chvay**tsa**rya
Êtes-vous seul[e] ici?	**Czy jest pan[i] sam[a]?**	tché yèst pan[gni] **sam**[a]
Je suis avec …	**Jestem z …**	**yè**stèm z
femme	**żoną**	**jo**no^{n}
mari	**mężem**	**mè^{n}**jèm
famille	**rodziną**	ro**dz^{i}**no^{n}
ami	**dziewczyną**	dz^{y}èf**tché**no^{n}
amie	**chłopakiem**	KHouo**pa**kyèm

GUIDE DE PRONONCIATION/URGENCES, voir page 127

Questions *Pytania*

Quand?/Comment?	**Kiedy?/Jak?**	**ky**è**dé**/yak
Quoi?/Pourquoi?	**Co?/Dlaczego?**	so/dla**tschè**go
Qui?/Lequel/Laquelle?	**Kto?/Który?/Która?**	kto/**ktou**ré/**ktou**ra
Où se trouve/ent …?	**Gdzie jest/są …?**	gdz^{y}è yèst/so^{n}
Où puis-je trouver …?	**Gdzie mogę znaleźć …?**	gdz^{y}è **mo**gè **zna**les^{y}ts^{y}
À quelle distance?	**Jak daleko?**	yak da**lè**ko
Combien de temps?	**Jak długo?**	yak **d^{ou}ou**go
Combien?	**Ile?**	**i**lè
Puis-je …?	**Czy mogę …?**	tché **mo**gè
Puis-je avoir …?	**Czy mogę dostać …?**	tché **mo**gè **do**stats^{y}
Pouvez-vous m'aider?	**Czy może mi pan[i] pomóc?**	tché **mo**jè mi pan[gni] **po**mouts
Je comprends.	**Rozumiem.**	ro**zou**myèm
Je ne comprends pas.	**Nie rozumiem.**	gnè ro**zou**myèm
Pouvez-vous me traduire ceci?	**Proszę to przetłumaczyć.**	**pro**chè to pchet^{ou}ou**ma**tchéts^{y}
Parlez-vous français?	**Czy mówi pan[i] po francusku?**	tché **mou**vi pan[gni] po fran**tsous**kou
Je ne parle pas (bien) polonais.	**Nie mówię (zbyt dobrze) po polsku.**	gnè **mou**vyè (zbét **do**bjè) po **pol**skou

Autres mots utiles *Kilka innych pożytecznych wyrazów*

bon/mauvais	**dobre/złe**	**do**brè/z^{ou}e
bon marché/cher	**tanie/drogie**	**ta**gne **dro**gye
chaud/froid	**ciepłe/zimne**	**ts^{y}è**p^{ou}è/**z^{y}im**nè
grand/petit	**duże/małe**	**du**jè/**ma**^{ou}è
juste/faux	**dobre/złe**	**do**brè/z^{ou}è
libre/occupé	**wolne/zajęte**	**vol**nè/za**yèn**tè
meilleur/pire	**lepsze/gorsze**	**lèp**chè/**gor**chè
près/loin	**bliskie/dalekie**	**blis**kyè/da**lè**kyè
tôt/tard	**wczesne/późne**	**ftchès**nè/ **pouz^{y}**nè

Hôtel *Hotel*

J'ai fait réserver.	**Mam rezerwację.**	mam rèzèr**va**tsyè
Nous avons réservé deux chambres.	**Zarezerwowaliśmy dwa pokoje.**	zarèzèrvo**va**lis^{y}mé dva po**ko**yè
Avez-vous des chambres disponibles?	**Czy są jakieś wolne pokoje?**	tché so^{n} **ya**kyès^{y} **vol**nè po**ko**yè
Je voudrais une chambre …	**Chciał(a)bym …**	**KHts^{y}a^{ou}**(a)bém
pour une personne	**pokój jednoosbowy**	**po**kouy **yè**dno-oso**bo**vé
pour deux personnes	**pokój dwuosobowy**	**po**kouy dvou-oso**bo**vé
avec des lits jumeaux	**z dwoma łóżkami**	z **dvo**ma ^{ou}ouch**ka**mi
avec un grand lit	**z podwójnym łóżkiem**	z po**dwouy**ném **^{ou}ouch**kyèm
avec salle de bains	**z łazienką**	z ^{ou}**az^{y}èn**ko^{n}
avec douche	**z prysznicem**	s pré**chgni**tsem
Nous resterons …	**Zostaniemy …**	zosta**gne**mé
une nuit seulement	**przez jedną noc**	pches **ye**dno^{n} nots
quelques jours	**kilka dni**	**kil**ka dgni
une semaine	**tydzień**	**té**dz^{y}egn

Décision Decyzja

Puis-je voir la chambre?	**Czy mogę zobaczyć pokój?**	tchè **mo**gè zo**ba**tchéts^{y} **po**kouy
Je la prends.	**Wezmę go.**	**vèz**mè go
Elle ne me plaît pas.	**Nie podoba mi się.**	gnè po**do**ba mis^{y} è
Elle est trop…	**Jest zbyt …**	yèst zbét
bruyante	**hałaśliwy**	KHa^{ou}as^{y}**li**vé
petite/sombre	**mały/ciemny**	**ma**^{ou}é/**ts^{y}èm**né
Avez-vous quelque chose de …?	**Czy ma pan[i] coś …?**	tché ma pan[gni] tsos^{y}
moins cher	**tańszego**	tagn**chè**go
plus tranquille	**spokojniejszego**	pokoygnèy**chè**go
Puis-je avoir ma note, s'il vous plaît?	**Czy mogę prosić o rachunek?**	tchè **mo**gè **pros^{y}**its^{y} o ra**KHou**nèk
Le séjour a été très agréable.	**Bardzo miło spędziliśmy tutaj czas.**	**bar**dzo **mi**^{ou}o spègn**dz^{y}i**lis^{y}mé **tou**tay tchas

JOURS DE LA SEMAINE, voir page 126

Restaurant *Restauracja*

Je voudrais réserver une table pour 4 personnes.	**Chciał(a)bym zarezerwować stolik na cztery osoby.**	**KHts^{y}ia^{ou}**(a)bém zarezer**vo**vats^{y} **sto**lik na **tchtè**ré oso**bé**
Nous viendrons à 8 heures.	**Przyjdziemy o ósmej.**	pchèy**dz^{y}è**mé o **ou**smèy
Je voudrais …	**Poproszę …**	po**pro**chè
Que me recommandez-vous?	**Co by nam pan[i] polecił[a] ?**	tso bé nam pan[gni] po**lèts^{y}i**^{ou}[**a**]
Avez-vous des plats végétariens?	**Czy są dania wegetariańskie/ bezmięsne?**	tché so^{n} **da**gna vègèta**ryagn**skyè/ bè**m^{y}ès**nè

Petit déjeuner *Śniadanie*

Pourrais-je avoir…?	**Poproszę …**	po**pro**chè
confiture	**dżem**	djèm
fromage/jambon	**ser/szynka**	sèr/**chén**ka
œufs	**jajka**	**yay**ka
pain/petits pains	**chleb/bułki**	KHlèp/**bou^{ou}**kè

Hors-d'œuvre *Przystawki*

befsztyk tatarski	**bèf**chték ta**tar**ski	steak tartare
jaja faszerowane pieczarkami	**ya**ya facherov**a**nè pyètchar**ka**mi	œufs farcis de champignons
sandacz po polsku z jajkami	**san**datch po **po**skou z yay**ka**mi	perche à la polonaise avec des œufs
śledź w oleju	s^{y}lèdz^{y} w o**lè**you	hareng à l'huile
węgorz wędzony	**vèn**goch vèn**dzo**né	anguille fumée

Viande *Dania mięsne*

Je voudrais …	**Poproszę …**	po**pro**chè
agneau	**baraninę**	bara**gni**nè
bœuf/canard	**wołowinę/kaczka**	vo^{ou}o**vi**nè/**ka**tchka
porc	**wieprzowinę**	wieprzowinè
poulet	**kurczę**	**kour**tchè
veau	**cielęcinę**	ts^{e}lèn**tsi**nè

CHIFFRES, voir page 126

au four	**zapiekane**	zapyè**ka**nè
bouilli/en ragoût	**gotowane/duszone**	goto**va**nè/dou**cho**nè
frit/grillé	**smażone/z rusztu**	sma**jo**nè/z **rou**chtou
saignant	**mało wysmażone**	**ma**ouo vèsma**jo**nè
à point	**średnio wysmażone**	**s**y**rè**dgno vésma**jo**nè
bien cuit	**mocno wysmażone**	**mo**tsno vésma**jo**nè

pieczony schab	pyè**tcho**né sKHap	filet de porc rôti
sznycel cielęcy	**chné**tsèl tsy**èlèn**tsé	escalope panée
sztuka mięsa	**chtou**ka **myèn**sa	bœuf bouilli
zrazy	**zra**zé	bifteck attendri
zeberka	jè**bèr**ka	côtes

Poissons et fruits de mer *Dania rybne*

cabillaud	dorch	**dorsz**
carrelet	**flon**dra	**flądra**
truite	pstronk	**pstrąg**
ryba zapiekana z migdałami	**ré**ba zapyè**ka**na s migda**ou**ami	poisson cuit au four avec des amandes
karp gotowany w jarzynach	karp goto**va**né v ya**jé**naKH	carpe cuite à la vapeur avec des légumes
pstrągi panierowane	**pstron**gi pagnèro**va**nè	truite panée

Légumes *Jarzyny i sałatki*

carottes	**marchew**	**mar**KHèf
champignons	**pieczarki**	pyè**tchar**ki
chou	**kapusta**	ka**pou**sta
haricots verts	**fasola**	fa**so**la
oignons	**cebula**	tsè**bou**la
pommes de terre	**ziemniaki**	zyèm**gna**ki
tomates	**pomidory**	pomi**do**ré
naleśniki ze serem	nales y**gni**ki s **sè**rèm	crêpes au fromage blanc
omlet z grzybami	**om**lèt z gjé**ba**mi	omelette aux champignons
pierogi z grzybami	pyè**ro**gi z gjé**ba**mi	boulettes farcies de champignons
pierogi z kapustą	pyè**ro**gi z ka**pou**sta	boulettes farcies de chou

Fruits et desserts *Owoce i desery*

citron	**cytryna**	tsé**tré**na
fraises	**truskawki**	trous**kaf**ki
orange	**pomarańcza**	poma**ragn**tcha
poire	**gruszka**	**grouch**ka
pomme	**jabłko**	**yab^{ou}**ko
jabłecznik	yab**^{ou}ètch**gnik	tourte aux pommes
krem waniliowy	krèm vagni**lyo**vè	crème à la vanille
lody	**lo**dé	glace
sernik	**sèr**gnik	tarte au fromage blanc

Boissons *Napoje*

bière	**piwo**	**pi**vo
café	**kawa**	**ka**vè
noir	**czarną**	**tchar**no^{n}
au lait	**z mlekiem**	z **mlè**kyèm
eau minérale	**woda mineralna**	**vo**da minè**ral**na
jus de fruits	**sok owocowy**	sok ovo**tso**vé
thé	**herbata**	KHèr**ba**tè
vin	**wina**	**vi**na
blanc/rouge	**białe/czerwone**	bia**^{ou}è**go/tchèrwo**nè**go

Réclamations—L'addition *Zazalenia—Rachunek*

C'est trop salé/sucré.	**To jest zbyt słone/ słodkie.**	to yèst zbét **s^{ou}o**nè/ **souod**kyè
Ce n'est pas ce que j'ai commandé.	**Tego nie zamawiałem (zamawiałam).**	**tè**go gnè zama**vya**^{ou}èm (zama**vya**ouam)
L'addition, s'il vous plaît.	**Chciał(a)bym zapłacić.**	**KHts^{y}a^{ou}**(a)bém za**poua**ts^{y}its^{y}
Je crois qu'il y a une erreur dans l'addition.	**Wydaje mi się że w tym rachunku jest błąd.**	wé**da**yè mi s^{y}è jè f tém ra**KHoun**kou yèst b^{ou}ont
Est-ce que le service est compris?	**Czy obsługa jest wliczona?**	tchè obs**^{ou}ou**ga yèst vli**tcho**na
C'était très bon, merci.	**Dziękuję, smakowało nam.**	dz^{y}ièn**kou**yè smako**va**^{ou}o nam

CHIFFRES, voir page 126

Excursions *Podróże*

Avion *Samolot*

Y a-t-il un vol pour Kraków?	**Czy są jakieś loty do Krakowa?**	tchè so^{n} **ya**kyès^{y} **lo**té do kra**ko**va
À quelle heure est l'enregistrement?	**O której godzinie mam się zgłosić do odprawy?**	o **ktou**rèy go**dz^{y}i**gnè mam s^{y}è **zgouo**s^{y}its^{y} do ot**pra**vè
Je voudrais … ma réservation .	**Chciał(a)bym … moją rezerwację.**	KHts^{y}**aou**(a)bém … **mo**yo^{n} rèzèr**va**tsyè
annuler	**odwołać**	od**vo**ouats^{y}
changer	**zmienić**	**zmyè**gnits^{y}
confirmer	**potwierdzić**	pot**fyèr**dz^{y}its^{y}

Train *Pociąg*

Je voudrais un billet pour Toruń.	**Poproszę bilet do Torunia.**	po**pro**chè bilèt do to**rou**gna
aller simple	**w jedną stronę**	v **yè**dno^{n} **stro**nè
aller-retour	**tam i z powrotem**	tam i s po**vro**tèm
première classe	**pierwszej klasy**	**pièrf**chèy **kla**sé
deuxième classe	**drugiej klasy**	**drou**gyèy **kla**sé
Combien de temps dure le trajet?	**Jak długo trwa podróż?**	yak **douou**go trfa **po**drouj
Quand part le …	**Kiedy jest …**	**kyè**dé yèst ...
train pour Poznań?	**pociąg do Poznania?**	**pots**^{y}onk do poz**na**gna
premier/dernier	**pierwszy/ostatni**	**pyerf**ché/o**sta**gni
prochain	**następny**	na**stèm**pné
C'est bien le train pour Przemyśl, n'est-ce pas?	**Czy to jest pociąg do Przemyśla?**	tché to yèst **pots**^{y}onk do pchè**mè**s^{y}la

Bus—Tram *Autobus—Tramwaj*

Quel tram va au centre-ville?	**Którym tramwajem mogę dojechać do centrum?**	**ktou**rém tram**va**yèm **mo**gè do**yè**KHats^{y} do **tsèn**troum
Pourriez-vous me dire quand je dois descendre?	**Proszę mi powiedzieć kiedy wysiąść?**	**pro**chè mi po**vyè**dz^{y}èts^{y} **kyè**dé **vé**s^{y}o^{y}s^{y}ts^{y}

HEURES, voir page 125/CHIFFRES, voir page 126

Taxi *Taksówka*

Quel est le tarif pour …?	**Ile wynosi opłata do …?**	ilè vé**nos**^{y}i op^{ou}**a**ta do
Conduisez-moi à cette adresse.	**Proszę mnie zawieźć na ten adres.**	**pro**chè mgnè **za**vyès^{y}ts^{y} na tèn **a**drès
Arrêtez-vous ici s'il vous plaît.	**Proszę się tu zatrzymać.**	**pro**chè s^{y}è tou zat-**ché**mats^{y}

Location de voitures *Wynajem samochodów*

Je voudrais louer une voiture.	**Chciał(a)bym wynająć samochód.**	**KHts^{y}a^{ou}**(a)bém vé**na**yonts^{y} sa**mo**KHout
Je la voudrais pour un jour/une semaine.	**Chciał(a)bym go na jeden dzień/tydzień.**	**KHts^{y}a^{ou}**(a)bém go na **yè**dèn dz^{y}ègn/**té**dz^{y}ègn
Où est la station-service la plus proche?	**Gdzie jest najbliższa stacja benzynowa?**	gdz^{y}è yèst nay**blich**-cha **sta**tsya bènzé**no**va
Le plein, s'il vous plaît.	**Proszę do pełna.**	**pro**chè do **peou**na
Donnez-moi … litres d'essence.	**Poproszę … litrów benzyny.**	po**pro**chè … **i**trouf bèn**zé**né
Comment-puis-je aller à …?	**Jak mogę się dostać do …?**	yak **mo**gè s^{y}è **do**stats^{y} do
Je suis tombé en panne à …	**Samochód mi się zepsuł w …**	sa**mo**KHout mi s^{y}è **zè**psouou v
Pouvez-vous envoyer un mécanicien?	**Czy może tu przyjechać mechanik?**	tché **mo**jè tou pché**yè**KHats^{y} mè**KHa**gnik

Vous êtes sur la mauvaise route.	**Źle pan[i] jedzie.**
Allez tout droit.	**Proszę jechać prosto.**
C'est là-bas à …	**To jest tam dalej po**
gauche/droite	**lewej/prawej**
en face de/derrière …	**naprzeciw/za**
à côté de/au-delà de …	**obok/za**
nord/sud	**na północ/na południe**
est/ouest	**na wschód/na zachód**

Visites touristiques *Zwiedzanie*

Où se trouve le syndicat d'initiative?	**Gdzie jest informacja turystyczna?**	gdz^{y}è yèst infor**ma**tsya touré**sté**tchna
Y a-t-il un guide qui parle français?	**Czy jest przewodnik mówiący po francusku?**	tché yèst pchè**vod**gnik mou**vion**tsy po fran**tsou**skou
Où se trouve/ent …?	**Gdzie jest/są …?**	gdz^{y}è yèst/so^{n}
cathédrale	**katedra**	ka**tè**dra
centre (de la ville)	**centrum miasta**	**tsèn**troum **mya**sta
château	**zamek**	**za**mèk
exposition	**wystawa**	vé**sta**va
jardin zoologique	**zoo**	**zo**o
jardins botaniques	**ogród botaniczny**	**o**grout bota**gni**tchné
marché	**rynek**	**ré**nèk
musée	**muzeum**	mou**zè**oum
parc	**park**	park
port	**port/przystań**	port/**pché**stagn
Quelles sont les heures d'ouverture?	**Jakie są godziny otwarcia?**	**ya**kyè so^{n} go**dz^{y}i**né o**tfar**ts^{y}a
Combien coûte l'entrée?	**Ile kosztuje wstęp?**	**i**lè ko**chtou**yè fstèmp

Divertissements *Odpoczynek*

Que joue-t-on au théâtre?	**Co dzisiaj grają w teatrze?**	tso **dz^{y}i**s^{y}ay **gra**jo^{n} f te**a**tchè
Combien coûtent les places?	**Ile kosztują bilety?**	**i**lè ko**chtou**jo^{n} bi**lè**té
Voulez-vous sortir avec moi ce soir?	**Czy możemy się umówić na wieczór?**	tché mo**jè**mé s^{y}è ou**mou**vits^{y} na **vyè**tchour
Y a-t-il une discothèque en ville?	**Czy jest tu gdzieś dyskoteka?**	tché yèst tou gdz^{y}ès^{y} désko**tè**ka
Si nous allions au cinéma?	**Może poszlibyśmy do kina?**	**mo**yè pochli**bés^{y}**mé do **ki**na
Merci, j'ai passé une merveilleuse soirée.	**Dziękuję, to był cudowny wieczór.**	dz^{y}en**kou**yè, to béou tsou**do**vné **vyè**tchour

JOURS DE LA SEMAINE, voir page 126

Magasins et services *Sklepy i zakłady usługowe*

Où est … le/la	**Gdzie jest**	gdz^{y}è yèst
plus proche?	**najbliższy …?**	nay**blich**ché
boucherie	**sklep mięsny**	sklèp **myè^{n}s**né
boulangerie	**piekarnia**	pyè**kar**gna
bureau de poste	**poczta**	**po**tchta
coiffeur	**fryzjer**	**fré**zyèr
dentiste	**gabinet dentystyczny**	ga**bi**nèt dènté**sté**tchné
épicierie	**sklep spożywczy**	sklèp spo**jéf**tché
grand magasin	**dom towarowy**	dom tova**ro**vé
kiosque à journaux	**kiosk**	kyosk
librairie	**księgarnia**	ks^{y}èn**gar**gna
magasin de souvenirs	**sklep z pamiątkami**	sklèp s pamyont**ka**mi
marchand de vin	**sklep monopolowy**	sklèp monopo**lo**vé
pharmacie	**apteka**	ap**tè**ka
pâtisserie	**cukiernia**	tsou**kyèr**gna
supermarché	**sam spożywczy**	sam spo**jéf**tché
Où sont les toilettes?	**Gdzie są toalety?**	gdz^{y}è so^{n} toa**lè**té

Expressions générales *Zwroty ogólne*

Où se trouve le	**Gdzie jest główne**	gdz^{y}è yèst **g^{ou}ouv**nè
quartier commerçant?	**centrum handlowe?**	**tsèn**troum KHan**dlo**vè
Avez-vous …?	**Czy są …?**	tché so^{n}
N'auriez-vous pas	**Czy nie ma pan[i]**	tché gnè ma pan[gni]
quelque chose de …?	**czegoś …?**	**tchè**gos^{y}
mieux	**lepszego**	lèp**chè**go
moins cher	**tańszego**	tagn**chè**go
plus grand	**większego**	wyènk**chè**go
plus petit	**mniejszego**	mgnèy**chè**go
Puis-je l'essayer?	**Czy mogę to**	tché **mo**gè to
	przymierzyć?	pché**myè**jéts^{y}
Combien coûte ceci?	**Ile to kosztuje?**	**i**lè to koch**tou**yè
Pourriez-vous l'écrire,	**Proszę to**	**pro**chè to
s'il vous plaît?	**napisać.**	na**pi**sats^{y}
Non, cela ne me	**Nie, nie podoba**	gnè gnè po**do**ba
plaît pas.	**mi się to.**	mi s^{y}è to
Je le prends.	**Wezmę to.**	**vèz**mè to

CHIFFRES, voir page 126

Acceptez-vous les cartes de crédit?	**Czy mogę zapłacić kartą kredytową?**	tché **mo**gè zap**^{ou}a**tsits^{y} **kar**to^{n} krèdé**to**vo^{n}

blanc	**biały**	**bya**^{ou}é	jaune	**żółty**	**jou**^{ou}té
bleu	**niebieski**	nyè**byè**ski	noir	**czarny**	**tchar**né
brun	**brązowy**	bro^{n}**zo**vé	rouge	**czerwony**	tchèr**vo**né
gris	**szary**	**cha**ré	vert	**zielony**	z^{y}è**lo**né

Je voudrais acheter …	**Chcę kupić …**	KHtsè **kou**pits^{y}
aspirine	**aspirynę**	aspi**ré**nè
crème solaire	**krem do opalania**	krèm do opa**la**gna
dentifrice	**pasta do zębów**	**pas**ta do **zèm**bouf
journal	**gazetę**	ga**zè**tè
français	**francuską**	fran**tsous**ko^{n}
belge	**belgijską**	bèl**giy**sko^{n}
ouvre-bouteilles	**otwieracz do butelek**	ot**fiè**ratch do bou**tè**lèk
pile	**baterię**	ba**tè**ryè
savon	**mydło**	**méd**^{ou}o
shampooing	**szampon**	**cham**pon
un kilo de pommes	**kilo jabłek**	**ki**lo **yab**^{ou}èk
un litre de lait	**litr mleka**	litr **mlè**ka
Je voudrais une pellicule … pour cet appareil.	**Proszę film … do tego aparatu.**	**pro**chè film … do **tè**go apa**ra**tou
en noir et blanc	**czarnobiały**	**tchar**no-**bya**^{ou}é
en couleurs	**kolorowy**	kolo**ro**vé

Souvenirs *Upominki*

bursztyn	**bourch**tén	ambre
ceramika	tsèra**mi**ka	céramique
koronki	ko**ron**ki	dentelle
laleczki z Cepelii	la**lètch**ki s tsè**pè**lyi	poupées en costume folklorique
lichtarze	liKH**ta**jè	chandeliers
pościel wyszywana	**pos**^{y}ts^{y}yèl véché**va**na	linge brodé
srebro	**srè**bro	argenterie

HEURES, voir page 125

À la banque *W banku*

Où est la banque/le bureau de change le/la plus proche?	**Gdzie jest najbliższy bank/ kantor wymiany walut?**	gdz^{y}è yèst nay**blich**ché bank/ **kan**tor vé**mya**né **va**lout
Je voudrais changer des francs/dollars.	**Chciał(a)bym wymienić trochę frankow/dolarów.**	**KHts^{y}a^{ou}**(a)bém vé**myè**nits^{y} **tro**KHè **fran**kouf/do**la**rouf
Quel est le cours du change?	**Jaki jest kurs wymiany?**	**ya**ki yèst kours vé**mya**né
Quelle commission prenez-vous?	**Jaka jest opłata manipulacyjna?**	**ya**ka yèst **op^{ou}a**ta magnipoula**tséy**na

À la poste *Na poczcie*

Je voudrais envoyer ceci …	**Chciał(a)bym wysłać to …**	**KHts^{y}a^{ou}**(a)bém **vés**^{ou}ats^{y} to
par avion	**pocztą lotniczą**	**potch**to^{n} lot**gni**tcho^{n}
par exprès	**ekspresem**	èks**prè**sèm
Un timbre à … zlotys, s'il vous plaît.	**Proszę znaczek za … złote.**	**pro**chè **zna**tchèk za … **z^{ou}o**tè
Quel est le tarif d'une carte postale pour France?	**Ile kosztuje znaczek na kartkę do Francji?**	**i**lè ko**chtou**yè **zna**tchèk na **kart**kè do **fran**tsyi
Y a-t-il du courrier pour moi?	**Czy są dla mnie jakieś listy.**	tché so^{n} dla mgnè **ya**kyès^{y} **lis**té

Téléphone *Telefonowanie*

Où est la cabine téléphonique la plus proche?	**Gdzie jest najblizsza budka telefoniczna?**	gdz^{y}è yèst nay**blich**-cha **bout**ka tèlèfo**gnitch**na
Allo. C'est …	**Halo. Tu mówi …**	**KHa**lo. tou **mou**vi
Je désire parler à…	**Czy mogę rozmawiać z …**	tché **mo**gè roz**ma**vyats^{y} z
Quand sera-t-il/elle de retour?	**Kiedy wróci?**	**kyè**dé **vrou**ts^{y}i

CHIFFRES, voir page 126

L'heure et la date *Czas i daty*

Il est …	**Jest …**	yèst
une heure cinq	**pięć po pierwszej**	pyegnts^{y} po **pyèrf**chèy
trois heures et quart	**kwadrans po trzeciej**	**kfa**drans po **tchè**ts^{y}èy
quatre heures vingt	**dwadzieścia po czwartej**	dva**dz^{y}è**s^{y}ts^{y}a po **tchfar**tèy
six heures et demie	**wpół do siódmej**	fpou^{ou} do **s^{y}oud**mèy
sept heures moins vingt-cinq	**pięć po wpół do siódmej**	pyègnts^{y} po fpou^{ou} do **s^{y}oud**mèy
dix heures moins dix	**za dziesięć dziesiąta**	za **dz^{y}è**s^{y}ègnts^{y} dz^{y}è**syon**ta
douze heures	**dwunasta**	dvou**na**sta
le matin	**rano**	**ra**no
pendant la journée	**w ciągu dnia**	f **ts^{y}on**gou dgna
la nuit	**w nocy**	w **no**tsé
hier	**wczoraj**	**ftcho**ray
aujourd'hui	**dzisiaj/dziś**	**dz^{y}i**s^{y}ay/dz^{y}is^{y}
demain	**jutro**	**you**tro
printemps/été	**wiosna/lato**	**vyo**sna/**la**to
automne/hiver	**jesień/zima**	**yè**s^{y}ègn/**z^{y}i**ma

janvier	**styczeń**	**sté**tchègn
février	**luty**	**lou**té
mars	**marzec**	**ma**jèts
avril	**kwiećień**	**kfyè**ts^{y}ègn
mai	**maj**	may
juin	**czerwiec**	**tchèr**vyèts
juillet	**lipiec**	**li**pyèts
août	**sierpień**	**syèr**pyègn
septembre	**wrzesień**	**vjè**s^{y}ègn
octobre	**październik**	paz^{y}**dz^{y}èr**gnik
novembre	**listopad**	**lis**to**pat**
décembre	**grudzień**	**grou**dz^{y}ègn

lundi	**poniedziałek**	pognè**dz^{y}a**^{ou}èk
mardi	**wtorek**	**fto**rèk
mercredi	**środa**	**s^{y}ro**da
jeudi	**czwartek**	**tchfar**tèk
vendredi	**piątek**	**pyon**tèk
samedi	**sobota**	so**bo**ta
dimanche	**niedziela**	gnè**dz^{y}è**la

Chiffres *Liczby*

0	**zero**	**zè**ro	10	**dziesięć**	**dz^{y}è**s^{y}ègnts^{y}
1	**jeden**	**yè**dèn	11	**jedenaście**	jèdè**nas^{y}**ts^{y}è
2	**dwa**	dva	12	**dwanaście**	dva**nas^{y}**ts^{y}è
3	**trzy**	t-chè	13	**trzynaście**	tché**nas^{y}**ts^{y}è
4	**cztery**	**tchtè**ré	14	**czternaście**	tchtèr**nas^{y}**ts^{y}è
5	**pięć**	pyègnts^{y}	15	**piętnaście**	pyèntbts^{y}è
6	**sześć**	chès^{y}ts^{y}	16	**szesnaście**	chès**nas^{y}**ts^{y}è
7	**siedem**	**s^{y}è**dèm	17	**siedemnaście**	s^{y}èdèm**nas^{y}**ts^{y}è
8	**osiem**	**o**s^{y}èm	18	**osiemnaście**	os^{y}èm**nas^{y}**ts^{y}è
9	**dziewięć**	**dz^{y}è**vyègnts^{y}	19	**dziewiętnaście**	dz^{y}èvènt**nas^{y}**ts^{y}è

20	**dwadzieścia**	dva**dz^{y}è**s^{y}ts^{y}a
21	**dwadzieścia jeden**	dva**dz^{y}è**s^{y}ts^{y}a **yè**dèn
30	**trzydzieści**	tché**dz^{y}ès^{y}**ts^{y}i
40	**czterdzieści**	tchtèr**dz^{y}ès^{y}**ts^{y}i
50	**pięćdziesiąt**	pyègnts^{y}**dz^{y}è**s^{y}ont
60	**sześćdziesiąt**	chès^{y}ts^{y}**dz^{y}è**s^{y}ont
70	**siedemdziesiąt**	s^{y}èdèm**dz^{y}è**s^{y}ont
80	**osiemdziesiąt**	os^{y}èm**dz^{y}è**s^{y}ont
90	**dziewięćdziesiąt**	dz^{y}èvyègn**dz^{y}è**s^{y}ont
100/1000	**sto/tysiąc**	sto/**té**s^{y}onts

premier/deuxième	**pierwszy/drugi**	**pyèrf**ché/**drou**gi
une fois/deux fois	**raz/dwa razy**	ras/dva **ra**zé
une moitié	**połowa/pół**	po**^{ou}o**va/pou^{ou}
un quart/un tiers	**ćwierć/jedna trzecia**	ts^{y}fyerts^{y}/**yèd**na **tchè**ts^{y}a

Urgences *Nagły wypadek*

Appelez la police	**Proszę wezwać policję**	**pro**chè vèzvats po**lit**syè
AU SECOURS	**RATUNKU**	ra**toun**kou
Je suis malade	**Jestem chory**	**yè**stèm **KHo**ré
Je me suis perdu(e)	**Zgubiłem (Zgubiłam) się**	zgou**bi**^{ou}èm (zgou**bi**^{ou}am) s^{y}è
Laissez-moi tranquille	**Proszę mnie zostawić w spokoju**	**pro**chè mgnè zo**sta**vits^{y} f spo**ko**you
AU VOLEUR	**ŁAPAĆ ZŁODZIEJA**	^{ou}**a**pats^{y} z^{ou}o**dz^{y}è**ya
On m'a volé …	**Skradziono mi …**	skra**dz^{y}o**no mi
J'ai perdu …	**Zgubiłem (Zgubiłam) …**	zgou**bi**^{ou}èm (zgou**bi**^{ou}am)
portefeuille/sac à main	**portfel/torebkę**	**port**fèl/to**rèp**kè
Où puis-je trouver un médecin qui parle français?	**Gdzie mogę znaleźć lekarza, który mówi po francusku?**	gdz^{y}è **mo**gè **zna**lès^{y}ts^{y} lè**ka**ja **ktou**ré **mou**vi po fran**tsous**kou

Guide de prononciation polonaise

Consonnes

Lettre	Prononciation approximative	Symbole	Exemple	
c	comme **ts** dans **ts**ar	ts	**cena**	**tsè**na
ch, h	comme un **r** parisien, prononcé sans vibration et sans bruit avec une expiration sifflante	KH	**chłop**	**KH^{ou}op**
cz	comme **tch** dans **tch**èque	tch	**czek**	tchèk
dz	comme **zz** dans pi**zz**a	dz	**bardzo**	bar**dz**o
dż	comme **dj** dans **Dj**amila	dj	**dżem**	**djèm**
g	comme **g** dans **g**are	g	**gama**	**ga**ma
k	comme **k** dans **k**ilo	k	**kot**	kot
j	comme **y** dans **y**oga	y	**moja**	**mo**ya
ł	comme **w** dans **w**eek-end	ou	**koło**	**ko**^{ou}o
r	toujours roulé, comme un **r** bourgignon	r	**rok**	**r**ok
sz	comme **ch** dans **ch**at	ch	**szal**	chal

TÉLÉPHONE, voir page 124

w	comme **v** dans **v**eau	v	**woda**	**v**oda
ż, rz	comme **j** dans **j**our	j	**żona**	**j**ona
			rzeka	**j**èka

b, d, f, l, m, p, s, t, z se prononcent comme en français

Consonnes mouillées

Cinq consonnes mouillées sont rendues dans la graphie par une lettre surmontée d'un accent: **ć**, **dź**, **ń**, **ś**, **ź.** Elles s'écrivent ainsi devant une consonne ou à la fin d'un mot. Devant une voyelle, on note les mêmes consonnes mouillées par: **ci**, **dzi**, **ni**, **si**, **zi**.

ć, ci	à peu près comme **tsé** dans **tsé-tsé**	ts^{y}	**pić**	pits^{y}
			ciasto	**ts**^{y}asto
dz, dzi	à peu près comme **tsi** dans **tsi**gane	dz^{y}	**dźwig**	dz^{y}vik
			dział	dz^{y}a^{ou}
ń, ni	comme **gn** dans co**gn**ac	gn	**koń**	ko**gn**
			nie	gnè
ś, si	à peu près comme **si** dans **si**amois	s^{y}	**ktoś**	ktos^{y}
			siano	**s**^{y}ano
ź, zi	à peu près comme **gi** dans **gi**rafe	z^{y}	**źle**	**z**^{y}lè
			ziarno	**z**^{y}**ar**no

Voyelles

a	comme **a** dans p**a**pa	a	**tak**	tak
e	comme **e** dans s**e**l	e	**lek**	lèk
i	comme **i** dans l**i**t	i	**piwo**	**pi**vo
o	comme **o** dans d**o**nner	o	**kot**	kot
ó, u	comme **ou** dans v**ou**s	ou	**drut**	drout
			drób	droup
y	à peu près comme **é** fermé dans **é**t**é**	é	**ty**	té
ą	1) **o** nasale, comme **o** dans s**o**nt	o^{n}	**wąs**	vo^{n}s
	2) devant **ł** comme **o** dans d**o**nner	o	**zaczął**	**za**tcho^{ou}
	3) comme **om** dans b**om**be	om	**kąpiel**	**kom**pyèl
ę	1) **è** nasale, comme **ain** dans tr**ain**	è^{n}	**mięso**	**myè**^{n}so
	2) **è** dénasalisé, comme **è** dans s**e**l	è	**wźięli**	vz^{y}**è**li
	3) devant **b** et **p** comme **êm** dans **même**	èm	**tępy**	tèmpé
	4) devant **t**, **d**, **g** et **k** comme **èn** dans m**èn**e	èn	**pęd**	**pènt**

Roumain

Expressions courantes *Expresii curente*

Oui/Non.	**Da/Nu.**	da/nou
S'il vous plaît.	**Vă rog.**	veû rog
Merci.	**Mulţumesc.**	moultsou**meûsk**
Pardon?	**Poftim?**	pof**tim**

Présentations *Prezentări*

Bonjour (matin).	**Bună dimineaţa.**	**bou**neû dimi**neûa**tsa
Bonjour (après-midi).	**Bună ziua.**	**bou**neû **zi**oua
Bonne nuit.	**Noapte bună.**	**noap**te **bou**neû
Au revoir.	**La revedere.**	la reve**de**re
Je m'appelle …	**Mă numesc …**	meû nou**mèsk**
Comment vous appelez-vous?	**Cum vă numiţi?**	koum veû nu**mits**ⁱ
Comment allez-vous?	**Ce mai faceţi?**	tche maï **fa**tchetsⁱ
Très bien, merci. Et vous?	**Mulţumesc bine, şi dumneavoastră?**	moultsou**mèsk** **bi**ne chii doumnéa**voas**treû
D'où êtes-vous?	**De unde veniţi?**	de **oun**de ve**nits**ⁱ
Je viens de la/du …	**Vin din …**	vin din
Belgique	**Belgia**	**bel**djia
Canada	**Canada**	ka**na**da
France	**Franţa**	**fran**tsa
Suisse	**Elveţia**	el**ve**tsia
Je suis avec …	**Sînt cu …**	sount kou
femme	**soţia mea**	so**tsi**a méa
mari	**soţul meu**	**so**tsul meou
famille	**familia mea**	fa**mi**lia méa
ami	**prietenul meu**	pri**e**tenoul meou
amie	**prietena mea**	pri**e**tena méa
Je suis seul(e).	**Sînt singur.**	sount **sin**gour
Je suis ici en vacances.	**Sînt aici în vacanţă.**	sount aïtch în va**kan**tseû

GUIDE DE PRONONCIATION, voir page 143/URGENCES, voir page 142

Questions *Întrebări*

Quand?/Comment?	**Cînd?/Cum?**	kînd/koum
Quoi?/Pourquoi?	**Ce?/De ce?**	tche/de tche
Qui?/Lequel?	**Cine?/Care?**	**tchine**/**ka**re
Où se trouve/ent …?	**Unde este/sint …?**	**oun**de **ïè**ste/sount
Où puis-je trouver …?	**De unde pot lua …?**	de **oun**de pot loua
C'est loin?	**Este departe?**	**ïè**ste de**par**te
Combien de temps?	**Cît timp durează?**	kît timp dou**réa**zeû
Combien?	**Cîţi?**	kîts^{i}
Puis-je …?	**Imi permiteţi …?**	îmi permi**te**tsi
Puis-je avoir …?	**Pot avea …?**	pot a**véa**
Pouvez-vous m'aider?	**Puteţi să mă ajutaţi?**	pou**tets^{i}** seû meû aju**tats^{i}**
Que veut dire ceci?	**Ce înseamnă aceasta?**	tche în**séam**neû at**chééas**ta
Je comprends.	**Înţeleg.**	întse**leg**
Je ne comprends pas.	**Nu înţeleg.**	nou întse**leg**
Pouvez-vous me traduire ceci?	**Puteţi să-mi traduceţi, vă rog, asta?**	pou**tets^{i}** seûm^{i} tra**dou**tchets^{i} veû rog **as**ta
Parlez-vous français?	**Vorbiţi franţuzeşte?**	vor**bits^{i}** frantsou**zech**te
Je ne parle pas roumain.	**Nu vorbesc româneşte.**	nou vor**bèsk** roma**nech**te

Autres mots utiles *Alte cuvinte utile*

bon/mauvais	**bun/rău**	boun/reau
bon marché/cher	**ieftin/scump**	**ïef**tin/skoump
chaud/froid	**cald/rece**	kald/**re**tche
grand/petit	**mare/mic**	**ma**re/mik
juste/faux	**bine/rău**	**bi**ne/reau
libre/occupé	**liber/ocupat**	**li**ber/okou**pat**
meilleur/pire	**mai bine/mai rău**	maï **bi**ne/maï reûou
près/loin	**aproape/departe**	ap**roa**pe/de**par**te
tôt/tard	**devreme/tîrziu**	de**vre**me/tîr**ziou**

Hôtel—Logement *Hotel—Cazare*

J'ai fait réserver.	**Am o rezervare.**	am o rezer**va**re
Avez-vous des chambres disponibles?	**Aveţi camere libere?**	a**vets**^{i} **ka**mere **li**bere
Je voudrais une chambre …	**Aş vreao cameră …**	ach vréao **ka**mereû
pour une personne	**cu un pat**	kou oun pat
pour deux personnes	**cu două paturi**	kou dooueû **pa**tour^{i}
avec des lits jumeaux	**cu două paturi**	kou dooueû **pa**tour^{i}
avec un grand lit	**cu pat dublu**	kou pat **dou**blou
avec bain/douche	**cu baie/cu duş**	kou **ba**ïe/kou douch
Nous resterons …	**O să stăm …**	o seû steûm
une nuit seulement	**numai o noapte**	**nou**maï o **noap**te
quelques jours	**cîteva zile**	**kî**teva **zi**le
une semaine	**o săptămînă**	o seûpteû**mî**neû
Y a-t-il un camping près d'ici?	**Există un teren de camping?**	e**xis**teû oun te**ren** de **kam**ping

Décision *Decizie*

Puis-je voir la chambre?	**Pot să văd camera, vă rog?**	pot seû veûd **ka**mera veû rog
D'accord. Je la prends.	**E bine, o iau.**	eï **bi**ne o ïaou
Non, elle ne me plaît pas.	**Nu-mi place.**	noum^{i} **pla**tche
Elle est trop…	**Este prea …**	**ïès**te préa
bruyante	**zgomotoasă**	zgomo**toa**seû
petite/sombre	**mică/intunecoasă**	**mi**keû/întoune**koa**seû
Avez-vous quelque chose de …?	**Aveţi ceva …?**	a**vets**^{i} tche**va**
meilleur/moins cher	**mai bun/yefteen**	maï boun/**ïef**tin
plus grand	**mai mare**	maï **ma**re
plus tranquille	**liniştit**	linich**tit**
Puis-je avoir ma note, s'il vous plaît?	**Nota de plată, vă rog?**	**no**ta de **pla**teû veû rog
Le séjour a été très agréable.	**Am avut un sejur minunat.**	am a**vout** oun se**jour** minou**nat**

CHIFFRES, voir page 142/JOURS DE LA SEMAINE, voir page 141

Restaurant *Restaurant*

Je voudrais réserver une table pour 4 personnes.	**Doresc să rezerv o masă pentru patru persoane.**	dor**è**sk seû re**zerv** o **ma**seû **pen**trou **pa**trou per**soa**ne
Nous viendrons à 8 heures.	**O să venim la ora opt.**	o seû ve**nim** la **o**ra opt
Je voudrais le petit déjeuner/le déjeuner/ le dîner.	**Aş vrea micul dejun/masa de prînz/ cina.**	ach vréa **mi**koul de**joun/ma**sa de prînz/ **tchi**na
Que me recommandez-vous?	**Ce ne recomandaţi?**	tche ne rekoman**dats^{i}**
Avez-vous des plats végétariens?	**Aveţi mîncăruri pentru vegetarieni?**	a**vets^{i}** mînceû**rour^{i}** **pen**trou vedjeta**rien^{i}**

Petit déjeuner *Micul dejun*

Pourrais-je avoir…?	**Aş dori …**	ach do**rii**
beurre/confiture	**unt/nişte gem**	ount/**nich**te djem
jambon	**nişte şuncă**	**nich**te **choun**keû
œuf	**un ou**	oun oou
pain/petits pains	**pîine/chifle**	**pîi**ne/**ki**fle

Hors-d'œuvre *Antreuri*

borş	borch	bortsch
chifteluţe	kifte**lou**tse	boulettes de viande frites
ciorbă	**tchor**beû	soupe aigre
ghiveci	gi**vetch^{i}**	légumes en cocotte
icre	**ik**re	laitance de poisson
mezeluri	meze**lour^{i}**	charcuterie
mititei/mici	miti**teï**/mitch^{i}	petites rissoles de viande

au four/bouilli	**copt/fiert**	kopt/fiert
en ragoût	**fiert inăbuşit**	fiert îneûbu**chit**
frit/grillé	**prăjit/la grătar**	preû**jit**/la greû**tar**
rôti	**prăjit la cuptor**	preû**jit** la koup**tor**
saignant	**cu puţin sînge**	kou pu**tsin sîn**dje
à point/bien cuit	**potrivit/bine prăjit**	potri**vit/bi**ne preû**jit**

CHIFFRES, voir page 142

Viande *Carne*

Je voudrais …	**Aş vrea nişte …**	ach vréa **nich**te
agneau/bœuf	**miel/carne de vacă**	mïel/**kar**ne de **va**keû
canard/lapin	**raţă/iepure**	**ra**tseû/**ïe**poure
porc/veau	**carne de porc/viţel**	**kar**ne de pork/**vi**tsel
biftec	biiftek	bifteck
cîrnaţi	kîr**nats**^{i}	saucisse
frigărui de porc	frigeû**rouï** de pork	brochettes de porc grillées
friptură cu sos	frip**tou**reû kou sos	rôti avec une sauce
slănină	sleû**ni**neû	bacon
stufat	stou**fat**	bœuf mariné
şniţel	**chni**tsel	escalope panée
tocană de miel	to**ka**neû de mïel	ragoût d'agneau aux légumes

Poissons et fruits de mer *Peşte şi fructe de mare*

carpe/brochet	**crap/ştiucă**	krap/**chtiou**keû
truite	**păstrăv**	**peû**streûv
ciorbă pescărească	**tchor**beû peskeûréaskeû	soupe de poisson et de légumes
ghiveci de peşte	gi**vetch**^{i} de **pech**te	poisson en ragoût
saramură de peşte	sara**mou**reû de **pech**te	poisson grillé et assaisonné au paprika

Légumes et salades *Legume şi salate*

champignon	**ciuperci**	tchou**pertch**^{i}
chou/haricots verts	**varză/fasole**	**var**zeû/fa**so**le
laitue	**salată verde**	sa**la**teû **ver**de
oignon	**ceapă**	**tchéa**peû
pommes de terre/riz	**cartofi/orez**	kar**tofi**/**o**rez
tomates	**roşii**	**ro**chii
salata orientală	sa**la**teû orien**ta**leû	salade de pommes de terre au poisson
sarmale de post	sar**ma**le de post	feuilles de vigne farcies au riz
tocinei	toutchi**neï**	pommes de terre rapées et rissolées

Fruits et desserts *Fructe şi nuci*

banane	**banană**	ba**na**neû
citron	**lămîie**	leû**mî**ïe
fraises	**căpşuni**	keûp**choun**i
orange	**portocală**	porto**ka**leû
pomme	**măr**	meûr
prune	**prune**	**prou**ne
baclava	bakla**va**	baklava
clătite	kleû**ti**te	crêpe
cozonac	kozo**nak**	pain brioché traditionnel
îngheţată	înge**tsa**teû	glace
prăjitură	preûji**tou**reû	petite génoise

Boissons *Băuturi*

bière	**bere**	**be**re
café noir/au lait	**cafea neagra/cu lapte**	ka**féa néa**greû/kou **lap**te
chocolat (chaud)	**lapte cald cu cacao**	**lap**te kald kou ka**ka**o
eau minérale	**apă minerală**	apeû mine**ra**leû
jus de fruits	**suc de fructe**	souk de **frouk**te
sucre	**zahăr**	**za**heûr
thé	**ceai**	tchaï
vin blanc/rouge	**alb/roşu vin**	alb/**ro**chou vin

Réclamations—L'addition *Reclamaţii—Nota de plată*

C'est trop …	**Aceasta este prea …**	a**tchéas**ta **ïès**te préa
amer/sucré	**amarăș/dulce**	a**ma**reû/**doul**tche
Ce n'est pas ce que j'ai commandé.	**Aceasta nu este ce am comandat.**	a**tchéas**ta nou **ïès**te tche am comandat
L'addition, s.v.p.	**Aş vrea să plătesc.**	ach vréa seû pleû**tèsk**
Je crois qu'il y a une erreur dans l'addition.	**Cred că este o greşeală în nota de plată.**	kred keû **ïès**te o gre**cha**leû în **no**ta de **pla**teû
Est-ce que le service est compris?	**Serviciul este inclus?**	ser**vi**tchoul **ïès**te in**klous**
C'était très bon, merci.	**Ne-a plăcut foarte mult, mulţumesc.**	néa pleû**kout foar**te moult moultsou**mèsk**

CHIFFRES, voir page 142

Excursions *A călţori*

Avion *Avion*

Y a-t-il un vol pour Constanţa?	**Există un zbor pentru Constanţa?**	exis**teû** oun zbor **pen**trou kons**tan**tsa
À quelle heure est l'enregistrement?	**La ce ora trebuie să înregistrez bagajele?**	la tche oreû **tre**buïe seû înregistrez ba**ga**jele
Je voudrais … ma réservation.	**Aş vrea să … rezervarea.**	ach vréa seû … rezer**va**réa
annuler/changer	**anulez/schimb**	anou**lez/**skimb
confirmer	**confirm**	kon**firm**

Train *Tren*

Je voudrais un billet pour Bucharest.	**Vreau un bilet pentru Bucureşti.**	**vréa**ou oun bi**let** **pen**trou boukou**recht**^{i}
aller simple	**dus**	dous
aller-retour	**dus-întors**	dous-în**tors**
première classe	**clasa întîi**	**kla**sa în**tîi**
deuxième classe	**clasa a doua**	**kla**sa a **do**oua
Combien de temps dure le trajet?	**Cît durează călătoria?**	kît dou**réa**zeû keûleûto**ria**
Quand part le … train pour Suceava?	**La ce ora pleacă … tren spre Suceava?**	la tche **o**reû **pléa**keû … tren spre sou**tcha**va
premier/dernier	**primul/ultimul**	**pri**moul/**oul**timoul
prochain	**urmatorul**	ourmeû**to**roul
C'est bien le train pour Predeal, n'est-ce pas?	**Trenul acesta merge la Predeal?**	**tre**noul a**tchéas**ta **mer**djela pre**déal**

Bus—Tram *Autobuz—Tramvai*

Quel tram va au centre-ville?	**Ce tramvai merge în centru?**	tche tram**vaï** **mer**dje în **tchen**trou
Quel est le prix du trajet jusqu'à …?	**Cît costă pîna la …?**	kît **kos**teû **pî**neû la
Pourriez-vous me dire quand je dois descendre?	**Puteţi să-mi spuneţi cînd să cobor?**	pou**tets**^{i} seûm^{i} **spou**nets^{i} kînd seû ko**bor**

HEURES, voir page 140

Taxi *Taxi*

Quel est le tarif pour …?	**Cît costă pînă la …?**	kît **kos**teû **pî**neû la
Conduisez-moi à cette adresse.	**Vreau să merg la adresa aceasta.**	**vréa**ou seû merg la a**dre**sa at**chéas**ta
Arrêtez-vous ici, s'il vous plaît.	**Vă rog, opriţi aici.**	veû rog o**prits^{i}** aïtch^{i}

Location de voitures *Inchirieri auto*

Je voudrais louer une voiture.	**Aş vrea să închiriez o masinăž.**	ach vréa seû înkiri**ez** o ma**chi**neû
Je la voudrais pour un jour/une semaine.	**Pentru o zi/ o săptămînă.**	**pen**trou o zi/ o seûpteû**mî**neû
Où est la station-service la plus proche?	**Unde este cea mai apropiată staţie Peco?**	ounde **ïes**te tchéa maï apro**pïa**teû **stat**sïe **pe**ko
Le plein, s'il vous plaît.	**Faceţi plinul, vă rog.**	**fat**chets^{i} **pli**noul veû rog
Donnez-moi … litres d'essence.	**Puneţi … litri de benzină.**	**pou**nets^{i} … litr^{i} de ben**zi**neû
Où puis-je me garer?	**Unde se poate parca?**	**oun**de se **poa**te par**ka**
Pour aller à …?	**Cum ajung la …?**	koum a**joung** la
Je suis tombé en panne à …	**Sînt în pană la …**	sount în **pa**neû la
Pouvez-vous envoyer un mécanicien?	**Puteţi să trimiteţi un mecanic?**	pou**tets^{i}** seû tri**mi**tets^{i} oun me**ka**nic
Pourriez-vous réparer ce pneu?	**Puteţi vulcaniza roata aceasta?**	pou**tets^{i}** voulka**niza** **roa**ta at**chéas**ta

Vous êtes sur la mauvaise route.	**Sînteţi pe un drum greşit.**
Allez tout droit.	**Mergeţi drept înainte.**
C'est là-bas à …	**E mai jos pe …**
gauche/droite	**stînga/dreapta**
en face de/derrière …	**vis-a-vis/în spate**
à côté de/au-delà de …	**lîngă/după**
nord/sud/est/ouest	**nord/sud/est/vest**

CHIFFRES, voir page 142

Visites touristiques *Excursii turistice*

Où se trouve le syndicat d'initiative?	**Unde se află oficiul de urism?**	**oun**de se **a**fleû ofitchul de tou**rism**
Y a-t-il un guide qui parle français?	**Aveţi un ghid care vorbeşte franţuzeşte?**	a**vets**ⁱ oun guid **ka**re vor**bèch**te frantsou**zech**te
Où se trouve/ent ...?	**Unde este/sînt ...?**	**oun**de **ïès**te/sount
cathédrale	**catedrala**	kate**dra**la
centre (de la ville)	**centrul oraşului**	**tchen**troul o**ra**chouloui
château	**castelul**	kas**te**loul
jardin zoologique	**grădina zoologică**	greû**di**na zoo**lo**djikeû
jardins botaniques	**grădina botanică**	greû**di**na bo**ta**nikeû
magasins	**centrul comercial**	**tchen**troul komer**tchial**
marché	**piaţa**	**pia**tsa
musée	**muzeul**	mou**ze**oul
plage	**plajă**	**pla**jeû
port	**portul**	**por**toul
À quelle heure ouvre/ferme-t-il/elle?	**La ce oră deschideţi/închideţi?**	la tche **o**reû des**ki**detsⁱ/ în**ki**detsⁱ
Combien coûte l'entrée?	**Cît costă intrarea?**	kît **kos**teû in**tra**réa

Divertissements *Destindere*

Que joue-t-on au Théâtre ...?	**Ce piesă se joacă la Teatrul ...?**	tche **pie**seû se **joa**keû la téatroul
Combien coûte une place?	**Cît costă un bilet?**	kît **kos**teû oun bi**let**
Voulez-vous sortir avec moi ce soir?	**Putem ieşi împreună deseară?**	pou**tem** ïe**chii** împre**u**neû de**séa**reû
Y a-t-il une discothèque en ville?	**Exista o discotecă în oraş?**	e**xis**teû o disko**te**keû în o**rach**
Voulez-vous danser?	**Vreţi să dansăm?**	vretsⁱ seû dan**seûm**
Merci, j'ai passé une merveilleuse soirée.	**Mulţumesc, a fost o seară minunată.**	moultsou**mèsk** a fost o **séa**reû minou**na**teû

HEURES/DATE, voir page 140

Magasins et services *Magazine şi servicii*

Où est … le/la plus proche?	**Unde este prin apropiere …?**	**oun**de **ïes**te prin apro**pie**re
boucherie	**o măcelărie**	o meûtcheleû**rie**
boulangerie	**o brutărie**	o brouteû**rie**
bureau de poste	**o poşta**	o **poch**teû
dentiste	**un cabinet dentar**	oun kabi**net** den**tar**
épicerie	**o băcănie**	o beûkeû**nie**
grand magasin	**un magazin universal**	oun maga**zin** ouniver**sal**
kiosque à journaux	**un chioşc de ziare**	oun kiochk de **ziare**
librairie	**o librărie**	o libreû**rie**
magasin de souvenirs	**un magazin de suveniruri**	oun maga**zin** de souve**nirour**^{i}
pharmacie	**o farmacie**	o farma**tchie**
supermarché	**un magazin alimentar**	oun maga**zin** alimen**tar**
toilettes	**toaleta**	toa**le**ta

Expressions générales *Expresii de uz general*

Où se trouve le quartier commerçant?	**Unde este centrul comercial principal?**	**oun**de **ïes**te **tchen**troul komer**tchial** printchi**pal**
Avez-vous …?	**Aveţi …?**	a**vets**^{i}
N'auriez-vous pas quelque chose de …?	**Nu aveţi nimic … ?**	nou a**vets**^{i} ni**mik**
mieux/moins cher	**bun/ieftin**	boun/**ïef**tin
plus grand/plus petit	**mare/mic**	**ma**re/mik
Puis-je l'essayer?	**Pot să-l probez?**	pot seûl pro**bez**
Combien coûte ceci?	**Cît costă aceasta?**	kît **kos**teû a**tchéas**ta
Pourriez-vous l'écrire, s'il vous plaît?	**Vă rog scrieţi aceasta.**	veû rog **skri**ets^{i} a**tchéas**ta
Non, cela ne me plaît pas.	**Nu-mi place.**	noum^{i} **pla**tche
Je le prends.	**Il cumpăr.**	îl **kum**peûr
Acceptez-vous les cartes de crédit?	**Acceptaţi cărţi de credit?**	aktchep**tats**^{i} keûrts^{i} de **kre**dit

CHIFFRES, voir page 142

blanc	**alb**	alb	noir	**negru**	**ne**grou
bleu	**albastru**	al**bas**trou	orange	**portocaliu**	portoka**li**ou
brun	**maro**	ma**ro**	rouge	**roşu**	**ro**chou
jaune	**galben**	**gal**ben	vert	**verde**	**ver**de

Je voudrais acheter …	**Vreau să cumpăr …**	**vréa**ou seû **koum**peûr
aspirine	**nişte aspirină**	**nich**te aspi**ri**neû
carte postale	**o vedere**	o ve**de**re
crème solaire	**o cremă de bronzat**	o **kre**meû de bron**zat**
dentifrice	**o pastă de dinţi**	o **pas**teû de **dints**[i]
journal	**un ziar**	oun ziar
français/canadien	**francez/canadian**	fran**tchez**/kana**di**an
ouvre-bouteilles	**un deschizător de sticle**	oun deskizeû**tor** de **sti**kle
piles	**nişte baterii**	**nich**te bate**rii**
savon/shampooing	**săpun/un şampon**	seû**poun/**oun cham**pon**
un demi-kilo de pommes	**o jumătate kilogram de mere**	o joumeû**ta**te kilo**gram** de **me**re
un litre de lait	**un litru de lapte**	oun **li**trou de **lap**te
Je voudrais une pellicule pour cet appareil.	**Aş vrea un film pentru aparatul acesta.**	ach vréa oun film **pen**trou apa**ra**toul a**tchéas**ta
en noir et blanc	**alb-negru**	alb-**ne**grou
en couleurs	**color**	co**lor**

Souvenirs *Suveniruri*

album de artă	al**boum** de **ar**teû	livre d'art
carpetă/covor	kar**pe**teû/**ko**vor	tapis
fatăde masă	**fa**tseû de **ma**seû	nappe
maramă	ma**ra**meû	foulard brodé
muzică populară	**mou**zikeû popou**la**reû	musique folklorique
olărit	oleû**rit**	poterie
tablou/pictură	ta**bou**/pik**tu**reû	tableau

À la banque *La bancă*

Où est la banque/le bureau de change?	**Unde se află o bancă/un birou de schimb?**	**oun**de se **a**fleû o **ban**keû/oun bi**ro**ou de skimb

Je voudrais changer des francs/ dollars en des lei.	**Vreau să schimb nişte franci/ dolari in lei.**	vré**a**ou seû skimb **nich**te franch^{i}/ do**lar**^{i} în leï
Quel est le cours du change?	**Care este cursul?**	kare ïèste **kour**soul

À la poste *Poşta*

Je voudrais envoyer ceci … par avion/par exprès	**Aş vrea să expediez acesta (prin) … avion/expres**	ach vréa seû expe**diez** a**tchéas**ta (prin) avi**on**/ex**pres**
Je voudrais … timbres à … leis.	**Un timbru de … lei, vă rog.**	oun **tim**brou de … leï veû rog
Quel est le tarif d'une carte postale pour France?	**Cît costă un timbru pentru o vedere Franţa?**	kît **ko**steû oun **tim**brou **pen**trou o ve**de**re **fran**tsa
Y a-t-il du courrier pour moi?	**Am vreo scrisoare?**	am vreo skri**soa**re
Je m'appelle …	**Numele meu este …**	**nou**mele meou **ïè**ste

Téléphone *La telefon*

Où se trouve le téléphone public le plus proche?	**Unde este un telefon prin apropiere?**	**oun**de **ïès**te oun tele**fon** prin apro**pie**re
Puis-je utiliser votre téléphone?	**Îmi permiteţi să folosesc telefonul dumneavoastra?**	îm^{i} per**mi**tets^{i} seû folo**sèsk** tele**fo**noul doumnéa**voas**treû
Allo. C'est …	**Alo, … la telefon.**	**a**lo … la tele**fon**
Je désire parler à…	**Aş vrea să vorbesc cu …**	ach vréa seû vor**bèsk** kou
Quand sera-t-il/elle de retour?	**Cînd se va întoarce?**	kînd se va în**toar**tche
Veuillez lui dire que j'ai appelé.	**Vreţi să-i spuneţi că am sunat?**	vrets^{i} seû **spou**nets^{i} keû am sounat

L'heure et la date *Anul şi data*

Il est …	**Este …**	**ïès**te
une heure cinq	**ora unu şi cinci minute**	**o**ra **ou**nou chii tchintch^{i} mi**nou**te

URGENCES/CHIFFRES, voir page 142

trois heures et quart	**trei şi un sfert**	treï chii oun sfert
quatre heures vingt	**patru şi douăzeci**	**pa**trou chii dooueû**zetch**^{i}
six heures et demie	**şase şi jumătate**	**cha**se chii joumeû**ta**te
sept heures moins vingt-cinq	**şapte fără douăzeci şi cinci**	**chap**te **feû**reû dooueû**zetch**^{i} chii tchintch^{i}
dix heures moins dix	**zece fară zece**	**ze**tche **feû**reû **ze**tche
douze heures	**ora douăsprezece**	ora **do**oueûspre**ze**tche
le matin	**dimineaţa**	dimi**nea**tsa
pendant la journée	**după-amiazăș**	**dou**peû a**mia**za
la nuit	**seara**	**séa**ra
hier	**ieri**	ier^{i}
aujourd'hui/demain	**azi/mîine**	az^{i}/**mîi**ne
printemps/été	**primăvară/vară**	**pri**meûvareû/**va**reû
automne/hiver	**toamnă/iarnă**	**toam**neû/**iar**neû

lundi	**luni**	loun^{i}
mardi	**marţi**	marts^{i}
mercredi	**miercuri**	**mïer**kour^{i}
jeudi	**joi**	joï
vendredi	**vineri**	**vi**ner^{i}
samedi	**sîmbătă**	**sîm**beûteû
dimanche	**duminică**	dou**mi**nikeû
janvier	**ianuarie**	ianou**a**rïe
février	**februarie**	febrou**a**rïe
mars	**martie**	**mar**tïe
avril	**aprilie**	**apri**lïe
mai	**mai**	maï
juin	**iunie**	**ïou**nïe
juillet	**iulie**	**ïou**lïe
août	**august**	**a**ougoust
septembre	**septembrie**	sep**tem**brïe
octobre	**octombrie**	ok**tom**brïe
novembre	**noiembrie**	noi**em**brïe
décembre	**decembrie**	de**tchem**brïe

Chiffres *Numere*

0	**zero**	**ze**ro	11	**unsprezece**	**oun**sprezetche
1	**unu**	**ou**nou	12	**doisprezece**	**doï**sprezetche
2	**doi**	doï	13	**treisprezece**	**treï**sprezetche
3	**trei**	treï	14	**paisprezece**	**paï**sprezetche
4	**patru**	**pa**trou	15	**cincisprezece**	**tchinch**^{i}sprezetche
5	**cinci**	tchinch^{i}	16	**şaisprezece**	**chaï**sprezetche
6	**şase**	**cha**se	17	**şaptesprezece**	**chap**tesprezetche
7	**şapte**	**chap**te	18	**optsprezece**	**opt**sprezetche
8	**opt**	opt	19	**nouăsprezeche**	**nou**eûsprezetche
9	**nouă**	**noo**ueû	20	**douăzeci**	doueû**zetch**^{i}
10	**zece**	**ze**tche	21	**douăzeci şi unu**	doueû**zetch**^{i} chii **ou**nou

30	**treizeci**	treï**zetch**^{i}
40	**patruzeci**	**pa**truzetch^{i}
50	**cincizeci**	tchintch^{i}**zetch**^{i}
60	**şaizeci**	chaï**zetch**^{i}
70	**şaptezeci**	**chap**tezetch^{i}
80	**optzeci**	opt**zetch**^{i}
90	**nouăzeci**	**no**oueû**zetch**^{i}
100/1000	**o sută/o mie**	o **sou**teû/o **mie**
premier/deuxième	**primul/al doilea**	**pri**moul/al **doï**léa
une fois/deux fois	**o dată/de două ori**	o **da**teû/de **do**oueû or^{i}
une moitié	**o jumătate**	o joumeû**ta**te

Urgences *Urgenţă*

Appelez la police	**Chemaţi poliţia**	ke**mats**^{i} po**li**tsia
Appelez un médecin	**Chemaţi un doctor**	ke**mats**^{i} oun **dok**tor
AU SECOURS	**AJUTOR**	ajou**tor**
Je suis malade	**Sînt bolnav(ă)**	sount bol**nav**(eû)
Je me suis perdu(e)	**M-am rătăcit**	mam reûteû**tchit**
Laissez-moi tranquille	**Lasă-mă în pace**	**la**seûmeû eûn **pa**tche
AU VOLEUR	**HOŢUL**	**ho**tsoul
On m'a volé …	**Mi s-a furat …**	mii sa fou**rat**
J'ai perdu …	**Am pierdut …**	am pier**dout**
bagages/passeport	**bagajul/paşaportul**	ba**ga**joul/pacha**por**toul

TÉLÉPHONE, voir page 140

sac à main	**poşeta/geanta**	po**che**ta/**djéan**ta
Où puis-je trouver un médecin qui parle français?	**Unde pot găsi un doctor care vorbeşte franţuzeşte?**	**oun**de pot geû**sii** oun dok**tor ka**re vor**bèch**te frantsou**zech**te

Guide de prononciation roumaine

On comprend et on parle le roumain en Moldova comme en Roumanie.

Consonnes

Lettre	Prononciation approximative	Symbole	Exemple	
c	1) comme **c** dans **c**arrelet	k	**cald**	kald
	2) si suivie de **e** ou **i,** comme **tch** dans **tch**in-**tch**in	tch	**rece**	**re**tsche
ch	comme **k** dans **k**ilo	k	**schimb**	skimb
g	1) comme **g** dans **g**amin	g	**rog**	rog
	2) si suivie de **e** ou **i,** comme **g** dans **g**enre	dj	**gem**	djem
h	**h** aspiré comme dans **h**ache	h/k	**zahăr**	**za**heûr
s	comme **s** dans **s**alade, même si seul entre voyelles	s	**salata**	sa**la**ta
z	comme **z** dans **z**oologie	z	**varză**	**var**zeû
ţ	comme **ts** dans **ts**ar	ts	**numiţi**	noumits[i]
ş	1) comme **ch** dans **ch**at	ch	**şuncă**	**choun**keû
	2) comme **tch** dans **tch**èque			

b, d, f, l, m, n, p, t, v, w, x, z se prononcent comme en français

Voyelles

a	comme **a** dans caf**é**	a	**mare**	mare
ă	voyelle quie n'existe pas en français, prononcée comme en finale des mots anglais moth**er**, lett**er**	eû	**bună**	**bou**neû
e	toujours comme **é**, même si en position finale	e/é/è	**place**	**pla**tche
			prea	préa

i	comme **i** dans fils; en position finale le son est à peine prononcé, sauf en position accentuée	i/ii	**bine**	**bine**
î	voyelle qui n'existe pas en français, semblable à la voyelle finale du mot anglais less**on**	î/u	**prînz**	prînz
			sînt	sount
o	comme **au** dans g**au**che	o	**rog**	rog
u	comme **ou** dans gr**ou**pe	ou	**un ou**	oun oou

Diphtongues

ai	comme **ai** dans **ail**	aï	**mai**	maï
au	comme **ow** dans le mot anglais h**ow**	aou	**vreau**	vréaou
ău	comme **eau** dans v**eau**	eau	**rău**	reau
ea	1) comme **a** dans arr**ê**ter	ea	**dimineaţa**	dimin**ea**tsa
	2) à la fin d'un mot, comme **éa** dans b**éa**t	éa	**prea**	préa
ei	comme **ay** dans p**ay**er **treï**sprezetche	eï	**treisprezece**	
eu	comme **a** en français, suivi vite par **u**	eou	**meu**	meou
ia	comme **ya** dans **ya**ourt	ia	**piaţa**	**pia**tsa
ie	comme **ye** dans le mot anglais **yes**	ie	**piesă**	**pie**seû
		ïe	**staţie**	**sta**tsïe
io	comme **yo** dans **yo**ga	io	**chioşc**	kiochk
iu	comme **iou** dans s**iou**x	iou	**ziua**	**zio**na
oa	comme **wa** dans **wa**tt	oa	**noapte**	**noap**te
oi	comme **oy** dans v**oy**ez	oï	**doi**	doï
ua	comme **ua** dans n**ua**ge	oua	**lua**	loua
uă	semblable à **ue** dans infl**ue**nce	oueû	**două**	dooueû

Russe

Expressions courantes *Основные выражения*

Oui/Non.	**Да/Нет.**	da/nyèt
S'il vous plaît.	**Пожалуйста.**	pa**ja**lousta
Merci.	**Спасибо.**	spa**ssi**ba
Pardon?	**Извините.**	izvi**ni**tyè

Présentations *Знакомство*

Bonjour.	**Добрый день.**	**do**bruy dyèn'
Bonsoir.	**Добрый вечер.**	**do**bruy **vyè**tchyir
Bonne nuit.	**Спокойной ночи.**	spa**koï**naï **no**tchi
Au revoir.	**До свидания.**	da svi**da**niya
Je m'appelle …	**Меня зовут ...**	myi**nya za**vout
Comment vous appelez-vous?	**Как вас зовут?**	kak vass za**vout**
Comment allez-vous?	**Как вы поживаете?**	kak vu paju**vaï**tyi
Très bien, merci. Et vous?	**Хорошо, спасибо. А вы?**	khara**cho** spa**ssi**ba. a vu
D'où êtes-vous?	**Вы откуда?**	vu at**kou**da
Je viens de la/du …	**Я из ...**	ya iz
Belgique	**Бельгии**	**byè**lgii
Canada	**Канады**	ka**na**du
France	**Франции**	**frann**tsuyi
Suisse	**Швейцарии**	chvèï**tsa**riyi
Je suis avec …	**Я с ...**	ya s
femme/mari	**женой/мужем**	ju**noï**/**mou**jyèm
famille	**семьёй**	syim'**yoï**
enfants	**детьми**	dyit'**mi**
ami	**другом**	**drou**gamm
amie	**подругой**	pa**drou**gaï
Je suis seul(e).	**Я здесь один (одна).**	ya zdyèss' a**dinn** (ad**na**)
Je suis en vacances/ voyage d'affaires.	**Я здесь в отпуске/ командировке.**	ya zdyèss' v **ot**pouskyè/ kamanndi**rof**kyè

Questions *Вопросы*

Quand?/Comment?	**Когда?/Как?**	kag**da**/kak
Quoi?/Pourquoi?	**Что?/Почему?**	chto/patchyi**mou**
Qui?/Lequel?	**Кто?/Какой?**	kto/ka**koï**
Où se trouve/ent …?	**Где ...?**	gdyè
Où puis-je trouver …?	**Где мне найти/достать ...?**	gdyè mnyè naï**ti**/das**tat'**
À quelle distance?	**Как далеко?**	kak dalyi**ko**
Combien de temps?	**Как долго?**	kak **dol**ga
Combien?	**Сколько?**	**skol**'ka
Puis-je?	**Можно?**	**moj**na
Puis-je avoir …?	**Можно мне ...?**	**moj**na mnyè
Pouvez-vous m'aider?	**Помогите мне, пожалуйста.**	pama**ghi**tyi mnyè pa**ja**loousta
Que veut dire ceci?	**Что зто значит?**	chto **è**ta **zna**tchit
Je (ne) comprends (pas).	**Я (не) понимаю.**	ya (nyi) pani**ma**you
Pouvez-vous me traduire ceci?	**Переведите мне это, пожалуйста.**	pyèryèvyi**di**tyi mnyè **è**ta pa**ja**lousta
Parlez-vous français?	**Вы говорите по-фраицузски?**	vu gava**ri**tyi pa frann**tsous**ski
Je ne parle pas russe.	**Я не говорю по-русски.**	ya nyi gava**ryou** pa **rous**ski

C'est … *Это …*

bon/mauvais	**хороший/плохой**	kha**ro**chuy/plo**khoi**
bon marché/cher	**дешёвый/дорогой**	dyè**chyo**vuy/dara**goï**
grand/ petit	**большой/ маленький**	bal'**choï**/ **ma**lyinn'kiy
juste/ faux	**правильный/ неправильный**	**pra**vil'nuy/ nyè**pra**vil'nuy
libre/occupé	**свободный/занятый**	sva**bod**nuy/**za**nyatuy
meilleur/pire	**лучше/хуже**	**lou**tchyè/**khou**jè
ouvert/ fermé	**открытый/ закрытый**	at**kru**tuy/ za**kru**tuy
près/loin	**близко/далеко**	**bliz**ka/dalyi**ko**
tôt/tard	**ранний/поздний**	**ra**nnuy/**poz**dnuy

HEURES, voir page 157/CHIFFRES, voir page 158

Hôtel *Гостиница*

J'ai fait réserver.	**Я заказал(а) заранее.**	ya zaka**zal**(a) zara**nyè**yè
Avez-vous des chambres disponibles?	**У вас есть свободный номер?**	ou vass yèst' sva**bod**nuy **no**myir
Je voudrais une chambre …	**Я бы хотел(а) номер ...**	ya bu kha**tyèl**(a) **no**myir
pour une personne	**на одного**	na adna**vo**
pour deux personnes	**на двоих**	na dva**ïkh**
avec des lits jumeaux	**с двумя кроватями**	s dvou**mya** kra**va**tyami
avec un grand lit	**с двуспальной кроватью**	s dvou**spal'**naï kra**vat'**you
Nous resterons …	**Мы пробудем здесь ...**	mu pra**bou**dyèm zdyèss'
une nuit seulement	**только сутки**	**tol'**ka **sout**ki
quelques jours	**несколько дней**	**nyè**skal'ka dnyèï
une semaine	**неделю**	nyi**dyè**lyou

Décision *Решение*

Puis-je voir la chambre?	**Можно посмотреть номер?**	**moj**na pasma**tryèt'** **no**myir
D'accord. Je la prends.	**Хорошо. Зто подойдет.**	khara**cho. è**ta padaï**dyot**
Non, elle ne me plaît pas.	**Нет, мне не нравится.**	nyèt mnyè nyi **nra**vitsya
Elle est trop …	**Здесь слишком ...**	zdyèss **slich**kam
bruyante	**шумно**	**choum**na
petite/sombre	**тесно/темно**	**tyès**na/tyim**no**
N'avez-vous rien de …?	**Есть ли у вас что-нибудь ...?**	yèst' li ou vass **chto**nibout'
moins cher	**подешевле**	padyi**chyèv**lyè
plus grand	**побольше**	pa**bol'**chè
plus tranquille	**потише**	pa**ti**chè
Puis-je avoir ma note, s'il vous plaît?	**Счёт, пожалуйста.**	stchyot pa**ja**lousta
Le séjour a été très agréable.	**Всё было очень хорошо.**	fsyo **bu**lo **o**tchyinn' khara**cho**

Restaurant *Ресторан*

Je voudrais réserver une table pour 4 personnes.	**Я хотел(а) бы заказать столик на четверых.**	ya kha**tyè**l(a) bu zakazat' **sto**lik na tchyètvyi**rukh**
Nous viendrons à 8 heures.	**Мы будем в восемь.**	mu **bou**dyèmm v **vo**ssyim'
Que me recommandez-vous?	**Что вы посоветуете?**	chto vu passa**vyè**touyètyi
Avez-vous des plats végétariens?	**Есть ли у вас вегетарианские блюда?**	yèst' li ou vass vyighyita**riann**skiyè **blyou**da

Petit déjeuner *Завтрак*

Pourrais-je avoir …?	**Принесите, пожалуйста …**	prinyi**ssi**tyi pa**ja**lousta
beurre/confiture	**масло/варенье**	**mas**la/va**ryè**n'yè
fromage	**сыру**	sur
jambon	**ветчину**	**vyit**chinou
œuf	**яйцо**	**yaï**tso
pain	**хлеб**	khlyèp
petit pains	**булочки**	**bou**latch'ki

Hors-d'œuvre *Закуски*

ассорти мясное	assar**ti** myas**no**yè	assiette de charcuterie
блины	**bli**nu	crêpes
икра	**ikra**	caviar
колбаса	**kalbassa**	mortadelle
осетрина	**assyètrina**	esturgeon

au four/bouilli	**печёный/варёный**	pyi**tchyo**nuy/va**ryo**nuy
en ragoût	**тушёный**	tou**chyo**nuy
frit/rôti	**жареный**	**ja**ryinuy
saignant	**слегка поджаренный**	slyèkh**ka** pad**ja**ryinuy
à point	**средней прожаренности**	**sryèd**nyèï pra**ja**ryinasti
bien cuit	**хорошо прожаренный**	khara**sho** pra**ja**ryènnuy

HEURES, voir page 157/CHIFFRES, voir page 158

Viande *Мясо*

Je voudrais …	**Я хотел(а) бы …**	ya kha**tyèl**(a) bu
agneau	**баранину**	ba**ra**ninou
bœuf	**говядину**	ga**vya**dinou
canard/porc	**утку/свинину**	**out**kou/svi**ni**nou
poulet	**курицу**	**kou**ritsou
veau	**телятину**	tyi**lya**tyinou
ветчина	vyètchi**na**	jambon
бефстроганов	byif**stro**ganaf	bœuf à la Stroganoff
бифштекс	**bif**chtyeks	bifteck
голубцы	galoup**tsu**	chou farci
котлеты по-киевски	kat**lyè**tu pa-ki**yèf**ski	poulet à la Kiev
плов	plof	mouton pilaf
шашлык	chach**luk**	morceaux d'agneau grillés

Poissons et fruits de mer *Рыба и дары моря*

crevettes	**креветки**	kryè**vyèt**ki
esturgeon	**осетрина**	assyè**tri**na
hareng/perche	**сельдь/окунь**	**syèl't'**/**o**kounn'
saumon	**сёмга**	**syomm**ga
sprats (à l'huile)	**шпроты**	**chpro**tu

Légumes *Овощи*

betterave	**свёкла**	**svyo**kla
carottes	**морковь**	mar**kof'**
champignons	**грибы**	gri**bu**
chou	**капуста**	ka**pous**ta
concombre	**огурец**	agou**ryèts**
haricots verts	**фасоль**	fa**ssol'**
oignons	**лук**	louk
petits pois	**горох**	ga**rokh**
pommes de terre	**картофель**	kar**to**fyèl'
tomates	**помидоры**	pami**do**ru
зелёный салат	zyi**lyo**nuy sa**lat**	salade verte
каша	**ka**cha	gruau
пельмени	pyèl'**myè**ni	boulettes farcies
щи	chtchi	soupe au chou

Fruits et desserts *Фрукты и десерт*

cerises	**черешня**	tchyè**ryè**chnya
citron	**лимон**	li**monn**
fraises	**клубника**	kloub**ni**ka
framboises	**малина**	ma**li**na
orange	**апельсин**	apyèl'**sinn**
pomme	**яблоко**	**ya**blaka
prune	**сливы**	**sli**vu
кефир	kyè**fyir**	lait caillé
компот	kamm**pott**	compote de fruits
мороженое	ma**ro**junuyè	glace
пирожное	pi**roj**nayè	petit gâteau
сливки	**slif**ki	crème
торт	tort	gâteau

Boissons *Напитки*

bière	**пиво**	**pi**va
café	**кофе**	**ko**fyè
au lait	**с молоком**	s mala**kam**
noir	**чёрный**	**tchyor**nuy
chocolat (chaud)	**какао**	ka**ka**o
eau minérale	**минеральная вода**	minyè**ral'**naya va**da**
jus de fruits	**фруктовый сок**	frouk**to**vuy sok
thé	**чай**	tchaï
vin blanc/rouge	**вино белое/красное**	vi**no byè**layè/**kras**nayè
vodka	**водка**	**vod**ka

Réclamations et l'addition *Жалобы*

Ce n'est pas ce que j'ai commandé.	**Этого я не заказывал(а).**	**é**tava ya nyi za**ka**zuval(a)
L'addition, s'il vous plaît.	**Пожалуйста, счёт.**	pa**ja**lousta stchyot
Je crois qu'il y a une erreur dans l'addition.	**Вы не ошиблись?**	vu nyi a**chi**bliss'
C'était très bon, merci.	**Нам очень понравилось, спасибо.**	namm **o**tchyinn' pan**ra**vilass' spa**ssi**ba

Excursions *Путешествия*

Avion *Самолет*

Y a-t-il un vol pour St. Pétersbourg?	**Есть ли рейс на Санкт Петербург?**	yèst' li **ryèï**ss na sannkt pyityèr**bourg**
À quelle heure est l'enregistrement?	**Во сколько надо регистрировать багаж?**	va **skol'**ka **na**da ryèghis**tri**ravat' ba**gach**
Je voudrais … ma réservation.	**Я хотел(а) бы ... заказ рейса.**	ya kha**tyèl**(a) bu … za**kass ryèï**ssa
annuler/changer	**отменить/поменять**	atmyè**nit'**/pamyè**nyat'**
confirmer	**подтвердить**	pattvyèr**dit'**

Train *Поезд*

Je voudrais un billet pour Minsk.	**Один билет до Минска, пожалуйста.**	a**dinn** bi**lyèt** da **min**ska pa**ja**lousta
aller simple	**в один конец**	v a**dinn** ka**nyèts**
aller-retour	**туда и обратно**	tou**da** i a**brat**na
première classe	**мягкий вагон**	**myakh**iy va**gonn**
deuxième classe	**жесткий вагон**	**jost**kiy va**gonn**
Combien de temps dure le trajet?	**Долго ли надо ехать?**	**dol**ga li **na**do **yè**khat'
Quand part le … train pour Saratof?	**Когда ... поезд на Саратов?**	kag**da** … **poï**st na sa**ra**taf
premier/prochain	**первый/последний**	**pyèr**vuy/pas**lyèd**niy
dernier	**следующий**	**slyè**douyouchtchiy
C'est bien le train pour Ivanovo, n'est-ce pas?	**Зто поезд на Иваново?**	**è**ta **poï**st na i**va**nava

Bus—Tram *Автобус—Трамвай*

Quel bus va au centre-ville?	**Какой автобус идет в центр?**	ka**koï** af**to**bouss **idyot** f tsyèntr
Quel est le prix du trajet jusqu'à …?	**Сколько стоит билет до ...?**	**skol'**ka **stoï**t bi**lyèt** da
Pourriez-vous me dire quand je dois descendre?	**Вы мне скажете, когда надо выходить?**	vu mnyè ska**ju**tyi kag**da na**da **vu**khodit'

HEURES, voir page 157/CHIFFRES, voir page 158

Taxi *Такси*

Quel est le tarif pour …?	**Сколько стоит доехать до...?**	**skol'**ka **stoït** da**yè**khat' da
Conduisez-moi à cette adresse.	**Мне нужно по этому адресу.**	mnyè **nouj**na pa **è**tamou **a**dryissou
Arrêtez-vous ici, s'il vous plaît.	**Остановите здесь, пожалуйста.**	astana**vi**tyi zdyèss' pa**ja**lousta

Location de voitures *Прокат машин*

Je voudrais louer une voiture.	**Я хотел(а) бы взять напрокат машину.**	ya kha**tyèl**(a) bu vzyat' napra**kat** ma**chi**nou
Je la voudrais pour un jour/une semaine.	**Она мне нужна на день/неделю.**	a**na** mnyè noujna na dyèn'/nyi**dyè**lyou
Où est la station-service la plus proche?	**Где ближайшая заправочная станция?**	gdyè bli**jaï**chaya za**pra**vatchnaya **stann**tsya
Le plein, s'il vous plaît.	**Заправьте, пожалуйста.**	za**praf'**tyi pa**ja**lousta
Donnez-moi … litres d'essence.	**Налейте мне … литров бензина.**	na**lyèï**tyi mnyè … **li**traf byèn**zi**na
Comment-puis-je aller à …?	**Как доехать до …?**	kak da**yè**khat' da
Je suis tombé en panne à …	**У меня сломалась машина в ...**	ou mènya sla**ma**lass' ma**chi**na v
Pouvez-vous envoyer un mécanicien?	**Можете прислать механика?**	**mo**jutyi pris**lat'** myé**kha**nika
Pourriez-vous réparer ce pneu?	**Можно заделать зтот прокол?**	**moj**na za**dyè**lat' ètat pra**kol**

☞ Vous êtes sur la mauvaise route.	**Это не та дорога.** ☜
Allez tout droit.	**Поезжайте прямо.**
C'est là-bas	**Это там**
à gauche/à droite	**налево/направо**
en face de/derrière …	**напротив/сзади…**
à côté de/au-delà de …	**около/после…**
nord/sud/est/ouest	**север/юг/восток/запад**

CHIFFRES, voir page 158

Visites touristiques *Достопримечательности*

Où se trouve le syndicat d'initiative?	**Где здесь бюро по туризму?**	gdyè zdyèss' byou**ro** pa tou**riz**mou
Y a-t-il un guide qui parle français?	**Есть ли гид, говорящий по-французски?**	yèst' li guit gava**rya**chtchiy pa-frann**tsouz**ski
Où se trouve/ se trouvent …?	**Где находится/ находятся …?**	gdyè na**kho**ditsya/ na**kho**dyatsya
cathédrale	**собор**	sa**bor**
centre (de la ville)	**центр города**	tsyèntr **go**rada
château	**замок**	**za**mak
kremlin	**кремль**	kryèml'
marché	**рынок**	**ru**nnak
musée	**музей**	mou**zyèï**
Place Rouge	**Красная площадь**	**kras**naya **plo**chchyat'
plage	**пляж**	plyach
quartier commerçant	**магазины**	maga**zi**nu
université	**университет**	ounivyèrsi**tyèt**
Quelles sont les heures d'ouverture?	**Каковы часы работы?**	kako**vu** tchyas**su** ra**bo**tu
Combien coûte l'entrée?	**Сколько стоит билет?**	**skol'**ka **sto**ït bi**lyèt**

Divertissements *Отдых*

Que joue-t-on au théâtre?	**Что идёт в театре?**	chto i**dyot** f tyi**a**tryè
Qu'y a-t-il ce soir au cinéma?	**Что идёт сегодня вечером в кино?**	chto i**dyot** syi**vod**nya **vyè**tchyiramm f ki**no**
Combien coûtent les places?	**Сколько стоят билеты?**	**skol'**ka **sto**yat bi**lyè**tu
Y a-t-il une discothèque en ville?	**Есть ли в городе дискотека?**	yèst' li v **go**radyè diska**tyè**ka
Voulez-vous danser?	**Хотите потанцевать?**	kha**ti**tyi patanntsa**vat'**
Merci, j'ai passé une soirée merveilleuse.	**Спасибо за чудесный вечер.**	spa**ssi**ba za tchyou**dyès**nuy **vyè**tchyir

HEURES/DATE, voir page 157

Magasins et services *Магазины*

Où est … le/la plus proche?	**Где есть поблизости …?**	gdyè yèst' pa**bli**zasti
banque	**банк**	bannk
boulangerie	**булочная**	**bou**latchnaya
bureau de poste	**почта**	**potch'**ta
coiffeur	**парикмахерская**	parik**ma**khirskaya
dentiste	**зубной врач**	zoub**noï** vratch'
épicierie	**продукты**	pra**douk**tu
grand magasin	**универмаг**	ounivyèr**mak**
kiosque à journaux	**газетный киоск**	ga**zyèt**nuy kiosk
librairie	**книжный магазин**	**knij**nuy maga**zinn**
magasin de souvenirs	**магазин сувениров**	maga**zinn** souvyi**ni**raf
marchand de vin	**винный магазин**	**vin**nuy maga**zinn**
pharmacie	**аптека**	ap**tyè**ka
supermarché	**универсам**	ounivyèr**samm**
Où sont les toilettes?	**Где туалет?**	gdyè toua**lyèt**

Expressions générales *Общие выражения*

Où se trouve le quartier commerçant?	**Где большие магазины?**	gdyè bal'**chi**yè maga**zi**nu
Avez-vous …?	**У вас есть …?**	ou vass yèst'
Pouvez-vous me montrer ceci/cela?	**Покажите мне, пожалуйста это/то.**	paka**ju**tyi mnyè pa**ja**lousta **è**ta/to
N'auriez-vous pas quelque chose de …?	**Нет ли у вас чего-нибудь …?**	nyèt li ou vass tche**vo**nibout'
mieux	**получше**	pa**lou**tchchè
moins cher	**подешевле**	padyi**chèv**lyè
plus grand	**побольше**	pa**bol'**chè
plus petit	**поменьше**	pa**myèn'**chè
Puis-je l'essayer?	**Можно примерить?**	**moj**na pri**myè**rit'
Combien coûte ceci?	**Сколько это стоит?**	**skol'**ka **è**ta **sto**yat
Pourriez-vous l'écrire, s.v.p.?	**Напишите, пожалуйста.**	napi**chi**tyè pa**ja**lousta
Non, cela ne me plaît pas.	**Нет, мне это не нравится.**	nyèt mnyè **è**ta nyi **nra**vitsya

CHIFFRES, voir page 158

Je le prends.	**Я возьму это.**	ya vaz'**mou** **è**ta.
Acceptez-vous les cartes de crédit?	**Вы принимаете кредитные карточки?**	vu prini**maï**tyi kryè**dit**nuyè **kar**tatch'ki

blanc	**белый**	**byè**luy	noir	**чёрный**	**tchyor**nuy
bleu	**синий**	**si**niy	orange	**оранжевый**	a**rann**jèvuy
brun	**корич-невый**	ka**ritch**-nyèvuy	rouge	**красный**	**kras**nuy
			vert	**зелёный**	zyi**lyo**nuy
gris	**серий**	**syè**ruy	…clair	**светло-...**	**svyèt**la-
jaune	**жёлтый**	**jyol**tuy	…foncé	**тёмно-...**	**tyom**na-

Je voudrais acheter …	**Я хотел(а) бы купить …**	ya kha**tyèl**(a) bu kou**pit'**
aspirine	**аспирин**	aspi**rinn**
carte postale	**открытку**	at**krut**ka
crème solaire	**крем для загара**	kryèm dlya za**ga**ra
dentifrice	**зубную пасту**	**zoub**nouyou **pas**tou
journal français	**газету французкую**	ga**zyè**tou frann**tsous**kouyou
savon	**мыло**	**mu**la
shampooing	**шампунь**	chamm**pounn'**
un demi-kilo de pommes	**полкило яблок**	polki**lo** **ya**blak
un litre de lait	**литр молока**	litr mala**ka**
Je voudrais une pellicule … pour cet appareil.	**Дайте мне, … плёнку для этого аппарата.**	**daï**tyi mnyè … **plyonn**kou dlya **è**tava apa**ra**ta
en noir et blanc	**чёрно-белую**	**tchyor**na-**byè**louyou
en couleurs	**цветную**	**tsvyèt**nouyou

Souvenirs *Сувениры*

balalaïka	**балалайка**	bala**laï**ka
caviar	**икра**	**i**kra
icône	**икона**	i**ko**nna
jeu d'échecs	**шахматы**	**chakh**matu
poupée en bois	**матрёшка**	ma**tryosh**ka
samovar	**самовар**	sama**var**
vodka	**водка**	**vod**ka

À la banque *На банке*

Où est le bureau de change le plus proche?	**Где ближайшее бюро по обмену валюты?**	gdyè bli**jaï**chyèyè byou**ro** pa ab**myè**nou val**you**tu
Je voudrais changer des francs en des roubles.	**Я хочу поменять фраики в рубли.**	ya khat**chyou** pamyi**nyat' frann**ki **frou**bli
Quel est le cours du change?	**Какой валютный курс?**	ka**koï** val**yout**nuy kourss

À la poste *На почте*

Je voudrais envoyer ceci …	**Я бы хотел(а) отправить это ...**	ya bu kha**tyèl**(a) at**pra**vit' **è**ta
par avion	**авиа**	**a**via
par exprès	**экспресс**	èks**pryèss**
Je voudrais … timbres à … roubles.	**Пожалуйста, марку за ... рублей.**	pa**ja**lousta **mar**kou za ... rou**blyèï**
Quel est le tarif d'une carte postale pour France?	**Сколько стоит открытку в Францию?**	**skol'**ka **stoït** at**krut**ka v **frann**tsiyou
Y a-t-il du courrier pour moi? Je m'appelle …	**Нет ли для меня писем? Моя фамилия ...**	nyèt li dlya myi**nya pi**ssyimm. ma**ya** fa**mi**liya

Téléphone *Телефон-автомат*

Où se trouve le téléphone le plus proche?	**Где ближайший телефон-автомат?**	gdyè bli**jaï**chuy tyèlyè**fonn** afta**mat**
Allo. C'est …	**Алло. Это говорит...**	allo. **è**ta gava**rit**
Je désire parler à …	**Позовите, пожалуйста ...**	paza**vi**tyi pa**ja**lousta
Quand sera-t-il/elle de retour?	**Когда он/она вернётся?**	kag**da** onn/a**na** vyir**nyot**sya
Veuillez lui dire que j'ai appelé.	**Передайте ему/ей, пожалуйста, что я звонил(а).**	pyiri**daï**tyi yi**mou**/yèï pa**ja**lousta chto ya zva**nil**(a)

CHIFFRES, voir page 158

L'heure et la date *День и число*

Il est …	**Сейчас …**	si**tchyass**
une heure cinq	**пять минут второго**	pyat' mi**nout** fta**ro**va
trois heures et quart	**четверть четвёртого**	**tchyèt**vyèrt' tchyit**vyor**tava
quatre heures vingt	**двадцать минут пятого**	**dva**tsat' mi**nout** **pya**tava
sept heures et demie	**пол восьмого**	pol vas'**mo**va
neuf heures moins vingt-cinq	**без двадцати пяти девять**	byèz dvatsa**ti** pya**ti** **dyè**vyat'
dix heures moins dix	**без десяти десять**	byèz dyissya**ti** **dyè**ssyat'
midi/minuit	**полдень/полночь**	pol**dyèn'**/**pol**natch'
hier	**вчера**	ftchyi**ra**
aujourd'hui/demain	**сегодня/завтра**	syi**vod**nya/**zaf**tra
le printemps/l'été	**весна/лето**	vyiss**na**/**lyè**ta
l'automne/l'hiver	**осень/зима**	**o**ssyinn'/zi**ma**

lundi	**понедельник**	pannyi**dyél'**nik
mardi	**вторник**	**ftor**nik
mercredi	**среда**	sryi**da**
jeudi	**четверг**	tchyit**vyèrk**
vendredi	**пятница**	**pyat**nitsa
samedi	**суббота**	sou**bo**ta
dimanche	**воскресенье**	vaskryè**ssyè**n'yè
janvier	**январь**	yinn**var'**
février	**февраль**	fyi**vral'**
mars	**март**	mart
avril	**апрель**	a**pryèl'**
mai	**май**	maï
juin	**июнь**	i**youn'**
juillet	**июль**	i**youl'**
août	**август**	**af**goust
septembre	**сентябрь**	syinn**tyabr'**
octobre	**октябрь**	ak**tyabr'**
novembre	**ноябрь**	na**yabr'**
décembre	**декабрь**	dyi**kabr'**

RUSSE

Chiffres *Числа*

0	**ноль**	**nol'**
1	**один**	**adinn**
2	**два**	dva
3	**три**	tri
4	**четыре**	tchyi**tu**ryè
5	**пять**	pyat'
6	**шесть**	chèst'
7	**семь**	syèm'
8	**восемь**	**vo**ssyimm'
9	**девять**	**dyè**vyat'
10	**десять**	**dyè**ssyat'
11	**одиннадцать**	a**di**natsat'
12	**двенадцать**	dvyi**na**tsat'
13	**тринадцать**	tri**na**tsat'
14	**четырнадцать**	tchyi**tur**natsat'
15	**пятнадцать**	pyit**na**tsat'
16	**шестнадцать**	chiz**na**tsat'
17	**семнадцать**	syimm**na**tsat'
18	**восемнадцать**	vassyimm**na**tsat'
19	**девятнадцать**	dyèvyat**na**tsat'
20	**двадцать**	**dva**tsat'
21	**двадцать один**	**dva**tsat' a**dinn**
30	**тридцать**	**tri**tsat'
40	**сорок**	**so**rak
50	**пятьдесят**	pidyi**ssyat**
60	**шестьдесят**	chusdi**ssyat**
70	**семьдесят**	syèmdi**ssyat**
80	**восемьдесят**	**vo**ssyèmdissyat
90	**девяносто**	dyivyi**nos**ta
100/1000	**сто/тысяча**	sto/**tu**ssyitchya
premier/deuxième	**первый/второй**	**pyèr**vuy/fta**roï**

Urgences *Крайний случай*

Allez-vous-en	**Уходите**	oukha**di**tyi
Appelez la police	**Позвоните в милицию**	pazva**ni**tyi v mi**li**tsyou
Appelez un médecin	**Позовите врача**	paza**vi**tyi vra**tchya**
ATTENTION	**ОСТОРОЖНО**	asta**roj**na
AU SECOURS	**НА ПОМОЩЬ**	na **po**machtch'
AU VOLEUR	**ДЕРЖИ ВОРА**	dyèr**ju** var**ra**
Je me suis perdu(e)	**Я заблудился (заблудилась)**	ya zablou**dil**sya (zablou**di**lass')

TÉLÉPHONE, voir page 156

Русский

Je suis malade	**Я болен (больна)**	ya **bo**lyèn (bal'**na**)
On m'a volé …	**У меня украли ...**	ou myi**nya** ou**kra**li
J'ai perdu …	**Я потерял(а) ...**	ya patyi**ryal**(a)
bagages	**багаж**	ba**gaj**
passeport	**паспорт**	**pass**part
sac à main	**сумочку**	**sou**matchkou
Où puis-je trouver un médecin qui parle français?	**Где мне найти врача, говорящего по-фрайцузски?**	gdyè mnyè naï**ti** vra**tchya** gava**rya**chtchyivo pa-frann**tsous**ski

Guide de prononciation russe

On comprend et on parle le russe en Russie et dans la plupart de l'Ukraine et de la Biélorussie.

Lettre	Prononciation approximative	Symbole	Exemple	
б	comme **b** dans **b**ateau	b	**был**	bul
в	comme **v** dans **v**oilà	v	**ваш**	vach
г	comme **g** dans **g**are	g/gh	**город**	**go**rat
д	comme **d** dans **d**anser	d	**да**	da
ж	comme **j** dans **j**our	j	**жаркий**	**jar**kiy
з	comme **z** dans **z**éphir	z	**за**	za
к	comme **k** dans **k**ilo	k	**карта**	**kar**ta
л	généralement très en arrière	l	**лампа**	**lamm**pa
м	comme **m** dans **m**atin	m	**масло**	**mas**la
н	comme **n** dans **n**ature	n	**нет**	nyèt
п	comme **p** dans **p**ère	p	**парк**	park
р	toujours roulé	r	**русский**	**rous**kiy
с	toujours comme **s** dans **s**alade	s/ss	**слово**	**slo**va
т	comme **t** dans **t**apis	t	**там**	tamm
ф	comme **f** dans **f**arce	f	**ферма**	**fyèr**ma
х	comme le **r** dans c**r**ochet	kh	**хлеб**	khlyèp
ц	comme **ts** dans **ts**ar	ts	**цена**	tsi**na**
ч	comme **tch** dans **tch**èque	tchy	**час**	tchyass
ш	comme **ch** dans **ch**at	ch	**шапка**	**chap**ka
щ	comme **ch** suivi de **tch**	chtch	**щётка**	**chtchyot**ka

Les consonnes sonores doivent être prononcées comme des sourdes lorsqu'elles sont placées à la fin d'un mot.

Voyelles

а	comme **a** dans l**a**me	a	**как**	kak
е	comme **iait** dans r**iait**	yè	**где**	gdyè
ё	comme **yo** dans **yo**ga	yo	**мёд**	myot
и	comme **i** dans **i**ci	i	**синий**	**si**niy
й	comme le premier son de **y**oga	y/ï	**бой**	boï
о	comme **o** dans b**o**nne	o	**стол**	stol
у	comme **ou** dans m**ou**	ou	**улица**	**ou**litsa
ы	à peu près comme **u** dans **u**tile	u	**вы**	vu
э	come **è** dans m**è**re	è	**эта**	**è**ta
ю	comme **you** dans **You**goslavie	you	**юг**	youk
я	comme **ya** dans **ya**ourt	ya	**мясо**	**myas**sa

Autres lettres

ь cette lettre «mouille» la consonne précédente. On arrive à un résultat analogue si on prononce un **y** très bref (comme dans **y**oga) immédiatement après la consonne.

ъ Ce signe se trouve parfois placé entre deux parties d'un mot composé.

Diphtongues

ай	comme **aille** dans vol**aille**	aï	**май**	maï
яй	comme le son **aï**, mais précédé d'un **y**	yaï	**негодяй**	nyiga**dyaï**
ой	comme **oy** dans **oy**at	oï	**вой**	voï
ей	comme **ieille** dans v**ieille**	yeï	**соловей**	ssala**vyeï**
ый	comme **uy** dans ess**uy**er, mais en gardant les lèvres écartées	uy	**красивый**	kras**si**vuy
уй	comme **ouille** dans **fouille**	ouy	**дуй**	douy
юй	comme le son **ouy**, mais précédé d'un **y**	youy	**плюй**	plyouy

Accentuation

Si une voyelle ou une diphtongue n'est pas accentuée, cela change souvent la prononciation. Non accentuées, celles-ci se prononcent:

о	comme un **a** bref	a	**отец**	a**tyèts**
е, я, ей, ий	comme un **yi** bref ou un **i**	yi	**теперь**	ttyi**pyer'**
			язык	**yi**zik

Slovène

Expressions courantes *Osnovni izrazi*

Oui/Non.	**Ja/Ne.**	ya/nai
S'il vous plaît.	**Prosim.**	**pro**simm
Merci.	**Hvala.**	**'hwa**la
Pardon?	**Prosim?**	**pro**simm

Présentations *Predstavimo se*

Bonjour (matin).	**Dobro jutro.**	**do**bro **you**tro
Bonjour (après-midi).	**Dober dan.**	**do**berr dann
Bonne nuit.	**Lahko noč.**	**la'h**ko notch
Au revoir.	**Na svidenje.**	na **swi**dénier
Je m'appelle …	**Ime mi je …**	**imé** mi yai
Comment vous appelez-vous?	**Kako vam je ime?**	ka**ko** vamm yai i**mé**
Comment allez-vous?	**Kako ste?**	ka**ko** stai
Très bien, merci.	**Dobro, hvala.**	**do**bro **'hwa**la.
Et vous?	**Pa vi?**	pa vi
D'où êtes-vous?	**Od kod ste?**	ott kott stai
Je viens de la/du …	**Sem iz …**	semm iz
Belgique	**Belgije**	**belgu**ier
Canada	**Kanade**	**ka**nade
France	**Francije**	**fran**tsier
Suisse	**Švice**	**shwi**tsai
Je suis avec …	**Sem z …**	semm z
femme	**mojo ženo**	**mo**yo **gê**no
mari	**mojim možem**	**mo**yimm **mo**gèmm
famille	**mojo družino**	**mo**yo drou**gi**no
enfants	**mojimi otroki**	**mo**yimi o**tro**ki
ami	**mojim fantom**	**mo**yimm **fann**tomm
amie	**mojo punco**	**mo**yo **poun**tso
Je suis seul(e).	**Sam sem.**	samm semm
Je suis en vacances/ en voyage d'affaires.	**Tu sem na počitnicah/ poslovno.**	tou semm na po**tchit**nitsa'h/ pos**low**no

GUIDE DE PRONONCIATION/URGENCES, voir page 174

Questions *Postavljanje vprašanj*

Quand?/Comment?	**Kdaj?/Kako?**	kdaïe/ka**ko**
Quoi?/Pourquoi?	**Kaj?/Zakaj?**	kaïe/za**kaïe**
Qui?/Lequel?	**Kdo?/Kateri?**	kdo/ka**té**ri
Où se trouve/ent …?	**Kje je/so …?**	kier yai/so
Où puis-je trouver …?	**Kje lahko dobim/najdem …?**	kier/la**'hko** do**bimm/naïe**demm
À quelle distance?	**Kako daleč?**	ka**ko da**letch
Combien de temps?	**Kako dolgo?**	ka**ko dow**go
Combien?	**Koliko?**	**ko**liko
Puis-je …?	**Smem?**	smemm
Puis-je avoir …?	**Lahko dobim …?**	la**'hko** do**bimm**
Pouvez-vous m'aider?	**Mi lahko pomagate?**	mi la**'hko** po**ma**gatai
Je comprends.	**Razumem.**	ra**zou**memm
Je ne comprends pas.	**Ne razumem.**	nai ra**zou**memm
Pouvez-vous me traduire ceci?	**Mi to lahko prevedete?**	mi to la**'hko** prè**vai**détai
Parlez-vous français?	**Govorite francosko?**	govo**ri**tai fran**tso**sko
Je ne parle pas slovène	**Govorim malo slovensko.**	govo**rimm ma**lo slo**venn**sko

Autres mots utiles *Nekaj koristnih izrazov*

beau/laid	**lepo/grdo**	**lé**po/**gerr**do
bon/mauvais	**dobro/slabo**	**do**bro/**sla**bo
bon marché/cher	**poceni/drago**	po**tsé**ni/**dra**go
chaud/froid	**vroče/hladno**	**vro**tchai/**'hlad**no
grand/petit	**veliko/majhno**	vé**li**ko/**maïe**'hno
juste/faux	**prav/narobe**	praw/na**ro**bai
libre/occupé	**prosto/zasedeno**	**pros**to/za**sé**déno
meilleur/pire	**boljše/slabše**	**bolye**shai/**slap**shai
près/loin	**blizu/daleč**	**bli**zou/**da**letch
tôt/tard	**zgodaj/pozno**	**zgo**daïe/**poz**no
vieux/jeune	**star/mlad**	starr/mladd

Hôtel et logement *Namestitev v hotelu*

J'ai fait réserver.	**Imam rezervacijo.**	**imamm** rezér**vat**siyo
Voici la confirmation.	**Tu je potrdilo.**	tou yai poterr**di**lo

Avez-vous des chambres disponibles?	**Ali imate proste sobe?**	**a**li i**ma**tai **pros**tai **so**bai
Je voudrais une chambre …	**Rad (Rada) bi … sobo.**	radd (**ra**da) bi … **so**bo
pour une personne	**enoposteljno**	éno**po**stélyeno
pour deux personnes	**dvoposteljno**	dvo**po**stelyeno
avec des lits jumeaux	**z dvema posteljama**	z **dvé**ma **po**stélyama
avec un grand lit	**z zakonsko posteljo**	z **za**konnsko **po**stélyo
avec salle de bains/ douche	**s kopalnico/ tušem**	s ko**pal**nitso/ **tou**shemm
Nous resterons …	**Ostali bomo …**	os**ta**li **bo**mmo
une nuit seulement	**samo eno noč**	sa**mo è**nno notch
quelques jours	**nekaj dni**	ne**kaïe** dni
une semaine (au moins)	**(najmanj) en teden**	(**naïe**magne) enn **té**denn
Y a-t-il un camping près d'ici?	**Ali je v bližini kamp?**	**a**li yai ou bli**gy**ni kammpp

Décision *Odločitev*

Puis-je voir la chambre?	**Lahko vidim sobo?**	la**'hko** vi**dimm so**bo
D'accord. Je la prends.	**V redu je, vzel (vzela) jo bom.**	w **ré**dou yai wzéw (**wzé**la) yo bomm
Non, elle ne me plaît pas.	**Ne, ni mi všeč.**	nai ni mi wshetch
Elle est trop…	**Je preveč …**	yai pré**vetch**
bruyante	**hrupna**	**'hrouppn**a
petite/sombre	**majhna/temna**	**maïe**'hna/**temm**na
Avez-vous quelque chose de …?	**Ali imate kaj …?**	**a**li i**ma**tai kaïe
meilleur	**boljšega**	**bolye**shéga
moins cher/plus grand	**cenejšega/večjega**	tse**ney**shega/**vetch**yéga
plus tranquille	**tišjega**	**tish**yega
Puis-je avoir ma note, s'il vous plaît?	**Lahko vidim račun?**	la**'hko vi**dimm ra**tchounn**
Le séjour a été très agréable.	**Tu smo se imeli zelo lepo.**	tou smo sai i**mé**li zé**lo** lé**po**

JOURS DE LA SEMAINE, voir page 173

Restaurant *V restavraciji*

Je voudrais réserver une table pour 4 personnes.	**Rad(a) bi rezerviral(a) mizo za štiri osebe.**	radd (**ra**da) bi rézer**vi**raw(-rala) **mi**zo za **shti**ri o**sé**bai
Nous viendrons à 8 heures.	**Prišli bomo ob osmih.**	pri**shli bo**mmo obb **oss**mi'h
Je voudrais le petit déjeuner/ le déjeuner/le dîner.	**Rad(a) bi zajtrk/ kosilo/večerjo.**	radd (**ra**da) bi **zaie**terkk/ ko**si**lo/vé**tcherr**yo
Que me recommandez-vous?	**Kaj priporočate?**	kaïe pripo**ro**tchatai
Avez-vous des plats végétariens?	**Ali imate vegetarijanske jedi?**	**a**li **ima**tai véguetari**yann**skai yé**di**

Petit déjeuner *Zajtrk*

Pourrais-je avoir…?	**Rad(a) bi …**	radd (**ra**da) bi
beurre/confiture	**maslo/marmelado**	**mas**lo/marmé**la**do
fromage	**sir**	sirr
jambon/œuf	**šunko/jajce**	**shoun**ko/**yaïe**tsé
pain	**kruh**	krou'h
petits pains	**žemlje**	**gemm**lier

Hors-d'œuvre *Predjedi*

goveja juha	gov**é**ya **you**'ha	bouillon de bœuf
hladetina	'hla**dé**tina	aspic
narezek	na**ré**zek	viandes froides assorties
pršut	perr**shoutt**	jambon cru italien
šunka	**shounn**ka	jambon
vložene gobice	vlo**gé**nai **go**bitsai	champignons conservés

au four/bouilli	**pečeno/kuhano**	**pétché**no/**kou**'hano
frit	**cvrto**	**tsverr**to
grillé	**na žaru**	na **ja**rou
rôti	**pečeno**	**pétché**no
saignant	**malo pečeno**	**ma**lo pé**tché**no
à point	**srednje pečeno**	**sred**nier pet**che**no
bien cuit	**dobro pečeno**	**do**bro pé**tché**no

CHIFFRES, voir page 173

Viande *Meso*

Je voudrais …	**Rad(a) bi …**	radd (**ra**da) bi
agneau/bœuf	**ovčetino/govedino**	ow**tché**tino/go**vé**dino
porc/veau	**svinjino/teletino**	swy**gny**no/télé**ti**no
čevapčiči	tché**vapp**tchitchi	steak haché grillé
dunajski zrezek	**dou**naieski **zré**zek	escalope de veau panée
golaž	**go**lash	goulash
meso na žaru	mé**so** na **ja**rou	assortiment de grillades
pečenka	pe**tchenn**ka	rôti de bœuf, de porc ou de veau
polnjene paprike	**pow**nyénai **pa**prikai	poivrons farcis
svinjska	**swygne**ska	rôti de porc
telečja krača	té**letch**ya **kra**tcha	jarret de veau
zelje s klobaso	**zé**lier ss klo**ba**so	choucroute avec des saucisses

Poissons et fruits de mer *Ribe in morski sadeži*

jastog	**yass**tok	homard
jegulja	yé**goul**ya	anguille
lignji	**lig**nyi	calmars en beignets
morski list	**mor**ski listt	sole
postrvi	pos**terr**vi	truite
škampi	**shkamm**pi	scampi
školjke	**shkolye**kai	moules

Légumes *Zelenjava*

champignon	**goba**	**go**ba
chou	**zelje**	**zé**lier
cornichon	**kisla kumarica**	**kis**la **kou**maritsa
haricots verts	**fižol**	fi**jow**
oignon	**čebula**	tché**bou**la
pommes de terre	**krompir**	kromm**pirr**
tomate	**paradižnik**	para**dige**nik
ocvrti jajčevci	ots**verr**ti **yaïe**tchevtsi	beignets d'aubergines
omleta s sirom	omm**lé**ta ss **si**romm	omelette au fromage
omleta s šunko	omm**lé**ta ss **shoun**ko	omelette au jambon
pohan sir	**po**'hann sirr	fromage roulé dans de la chapelure et frit

Fruits et desserts *Sadnje in deserti*

banane/citron	**banana/limona**	ba**na**na/li**mo**na
fraises/orange	**jagode/pomaranča**	**ya**godai/poma**rann**tcha
gateau/glace	**torta/sladoled**	**torr**ta/slado**ledd**
pomme/prune	**jabolko/sliva**	**ya**bowko/**sli**va
jabolčni zavitek	**ya**bowtchni zavitek	fines couches de pâte alternées avec des pommes émincées et des raisins secs
palačinke	pala**tchinn**kai	crêpes fourrées
potica	po**ti**tsa	gâteau roulé aux noix

Boissons *Pijače*

bière	**pivo**	**pi**vo
café	**kava**	**ka**va
noir/au lait	**črna/z mlekom**	**tcherr**na/z **mlé**komm
chocolat (chaud)	**kakav**	ka**kaw**
eau minérale	**mineralna voda**	miné**ral**na **vo**da
jus de fruits	**sok**	sok
d'orange	**pomarančni**	poma**ranntch**ni
de pomme	**jabolčni**	**ya**bowtchni
thé	**čaj**	tchaïe
vin blanc/rouge	**belo/črno vino**	**bé**lo/**tcherr**no **vi**no
vodka	**vodka**	**vot**ka

Réclamations et l'addition *Pritožbe in plačilo računa*

C'est trop amer/salé/sucré.	**To je preveč grenko/slano/sladko.**	to yai pré**vetch** **grenn**ko/**sla**no/**slat**ko
Ce n'est pas ce que j'ai commandé.	**Tega nisem naročil(a).**	**té**ga **ni**semm na**ro**tchiw (naro**tchi**la)
L'addition, s'il vous plaît.	**Rad(a) bi plačal(a).**	radd (**ra**da) bi **pla**tchaw (**pla**tchala)
Je crois qu'il y a une erreur dans l'addition.	**Mislim, da ste v računu naredili napako.**	**mi**slimm da stai v ra**tchou**nou nare**di**li na**pa**ko
C'était très bon, merci.	**Všeč nam je bilo, hvala.**	wshetch namm yai bi**lo** **'hwa**la

CHIFFRES, voir page 173

Excursions *Potovanja*

Avion *Avion*

Y a-t-il un vol pour Vienne?	**Ali imate let za Dunaj?**	**a**li **ima**tai lett za **dou**naïe
À quelle heure est l'enregistrement?	**Kdaj se moram javiti na letališču?**	kdaïe se **mo**ramm **ya**viti na leta**lish**tchou
Je voudrais … ma réservation.	**Rad (Rada) bi … rezervacijo.**	radd (**ra**da) bi … rézer**va**tsiyo
annuler	**odpovedal(a)**	otpo**vé**daw (otpo**vé**dala)
changer	**zamenjal(a)**	za**menn**yaw (za**menn**yala)
confirmer	**potrdil(a)**	po**terr**diw (po**terr**dila)

Train *Vlak*

Je voudrais un billet pour Koper.	**Rad(a) bi vozovnico za Koper.**	radd (**ra**da) bi vo**zow**nitso za **ko**perr
aller simple	**enosmerno**	ènos**mer**no
aller-retour	**povratno**	po**vrat**no
première classe	**prvi razred**	**perr**vi **raz**rett
deuxième classe	**drugi razred**	**drou**gui **raz**rett
Combien de temps dure le trajet?	**Koliko časa traja potovanje?**	**ko**liko **tcha**sa **tra**ya poto**vann**yai
Quand part le … train pour Jesenice?	**Kdaj pelje … vlak na Jesenice?**	kdaïe **pel**yai … wlak na yese**ni**tsai
premier/prochain	**prvi/naslednji**	**perr**vi/na**sled**gny
dernier	**zadnji**	**zad**gny
C'est bien le train pour Maribor, n'est-ce pas?	**Ali je ta pravi vlak za Maribor?**	**a**li yai ta **pra**vi wlak za **ma**riborr

Bus—Tram *Avtobus—Tramvaj*

Quel bus va au centre-ville?	**Kateri avtobus pelje v center mesta?**	ka**té**ri **aw**tobouss **pel**yai v **tsenn**terr **mes**sta
Quel est le prix du trajet jusqu'à…?	**Koliko stane do …?**	**ko**liko **sta**nai do

HEURES, voir page 172

Pourriez-vous me dire quand je dois descendre?	**Mi lahko prosim poveste, kdaj moram izstopiti?**	mi la'**hko** **pro**simm po**ves**tai kdaïe **mo**ramm **isto**piti

Taxi *Taxi*

Quel est le tarif pour…?	**Koliko stane do …?**	**ko**liko **sta**nai do
Conduisez-moi à cette adresse.	**Peljite me na ta naslov.**	pel**y**itai mai na ta **na**slow
Arrêtez-vous ici, s'il vous plaît.	**Prosim ustavite tukaj.**	**pro**simm ous**ta**vitai **tou**kaïe

Location de voitures *Najem avtomobila*

Je voudrais louer une voiture.	**Rad(a) bi najel (najela) avto.**	radd (**ra**da) bi na**yéw** (na**yé**la) **aw**to
Je la voudrais pour un jour/une semaine.	**Rad(a) bi ga za en dan/teden.**	radd (**ra**da) bi ga za enn dann/**té**denn
Où est la station-service la plus proche?	**Kje je najbližja bencinska postaja?**	kièr yai naïe**blige**ya benn**tsynn**ska pos**ta**ya
Le plein, s'il vous plaît.	**Napolnite, prosim.**	na**pow**nitai **pro**simm
Donnez-moi … litres d'essence.	**Dajte mi … litrov bencina.**	**daïe**tai mi … **li**trow benn**tsy**na
Pour aller à …?	**Kako pridem do …?**	ka**ko** **pri**demm do
Je suis tombé en panne à …	**Avto se mi je pokvaril pri …**	**aw**to sai mi yai pok**va**riw pri
Pouvez-vous envoyer un mécanicien?	**Lahko pošljete mehanika?**	la'**hko** **posh**lyétai mé'**ha**nika
Pourriez-vous réparer ce pneu?	**Lahko zakrpate to luknjo?**	la'**hko** za**kerr**patai to **louk**nyo

☞ Vous êtes sur la mauvaise route.	**Ste na napačni cesti.** ☜
Allez tout droit.	**Pojdite naravnost.**
C'est là-bas à …	**To je tam …**
gauche/droite	**na levi/desni**
en face de/derrière …	**nasprtoti/za**
à côté de/au-delà de …	**zraven/za**
nord/sud/est/ouest	**severno/južno/vzhodno/zahodno**

CHIFFRES, voir page 173

Visites touristiques *Turistični ogled mesta*

Où se trouve le syndicat d'initiative?	**Kje je turistična agencija?**	kier yai tou**riss**titchna aguenn**tsi**ya
Y a-t-il un guide qui parle français?	**Ali imate vodiča, ki govori francosko?**	**a**li i**ma**tai vo**di**tcha ki govo**ri** fran**tso**sko
Où se trouve/ent …?	**Kje je/so … ?**	kier yai/so
cathédrale	**katedrala**	katé**dra**la
centre (de la ville)	**center mesta**	**tsenn**terr **mess**ta
château	**grad**	gradd
exposition	**razstava**	rass**ta**va
jardin zoologique	**živalski vrt**	gi**val**ski verrt
jardins botaniques	**botanični vrt**	bo**ta**nitchni verrt
magasins	**trgovine**	terrgo**vi**nai
marché	**trg**	terrg
musée	**muzej**	mou**zeïe**
pentes de ski	**smučišča**	smou**tchish**tcha
port	**pristanišče**	prista**nish**tchai
À quelle heure ouvre/ ferme-t-il/elle?	**Kdaj se odpre/ zapre?**	kdaïe sai ott**prè**/ za**prè**
Combien coûte l'entrée?	**Koliko stane vstopnina?**	**ko**liko **sta**nai wstop**ni**na

Divertissements *Zabava*

Que joue-t-on au Théâtre …?	**Kaj igra v … gledališču?**	kaïe **igra** v … glé**da**li**sh**tchou
Combien coûtent les places?	**Po koliko so vstopnice?**	po **ko**liko so wstop**ni**tsai
Voulez-vous sortir avec moi ce soir?	**Ali bi danes zvečer hoteli iti z mano ven?**	**a**li bi **da**ness zvé**tcherr** 'ho**té**li **i**ti z **ma**no venn
Y a-t-il une discothèque en ville?	**Ali je diskoteka v mestu?**	**a**li yai disko**té**ka v **mess**tou
Voulez-vous danser?	**Bi radi plesali?**	bi **ra**di plé**sa**li
Merci, j'ai passé une merveilleuse soirée.	**Hvala. Bil je čudovit večer.**	**'hwa**la. biw yai tchoudo**vitt** vé**tcherr**

HEURES, voir page 172

Magasins et services *Trgovina in usluge*

Où est … le/la plus proche?	**Kje je najbližja …?**	kier yai naïe**blige**ya
boucherie	**mesnica**	mes**ni**tsa
boulangerie	**pekarna**	pékarrna
bureau de poste	**pošta**	**posh**ta
dentiste	**zobozdravnik**	zobozdraw**nik**
épicierie	**špecerija**	shpétsé**ri**ya
grand magasin	**veleblagovnica**	vélébla**gow**nitsa
kiosque à journaux	**kiosk**	ki**osk**
librairie	**knjigarna**	knyi**garr**na
pharmacie	**lekarna**	lékarrna
supermarché	**supermarket**	soupermarr**kett**

Expressions générales *Splošni izrazi*

Où se trouve le quartier commerçant?	**Kje je glavni trgovski center?**	kier yai **glaw**ni terr**gow**ski **tsenn**terr
Avez-vous …?	**Ali imate …?**	**ali ima**tai
N'auriez-vous pas quelque chose de …?	**Ali imate kaj …?**	**ali ima**tai kaïe
mieux	**boljšega**	**bolyi**shéga
moins cher	**cenejšega**	tse**néy**shega
plus grand/plus petit	**večjega/manjšega**	**vetch**yéga/**magne**shéga
Puis-je l'essayer?	**Ali lahko pomerim?**	**ali** la**'hko** po**mé**rimm
Combien coûte ceci?	**Koliko stane to?**	**ko**liko **sta**nai to
Pourriez-vous l'écrire, s'il vous plaît?	**Prosim napišite.**	**pro**simm na**pi**shitai
Non, cela ne me plaît pas	**Ne, ni mi všeč.**	nai ni mi wshetch
Je le prends.	**To bom vzel (vzela).**	to bomm wzew (**wzé**la)
Acceptez-vous les cartes de crédit?	**Ali vzamete kreditne kartice?**	**ali wza**mètai kré**ditt**ne **kar**titsai

blanc	**belo**	**beh**lo	noir	**črno**	**cherr**no
bleu	**modro**	**moh**dro	orange	**oranžno**	**oraan**zhno
brun	**rjavo**	err**yaa**vo	rouge	**rdeče**	err**deh**che
jaune	**rumeno**	**roo**meno	vert	**zeleno**	ze**le**no

CHIFFRES, voir page 173

Je voudrais acheter …	**Rad(a) bi kupil(a) …**	radd (**ra**da) bi **kou**piw (kou**pi**la)
aspirine	**aspirin**	aspi**rinn**
crème solaire	**kremo za sončenje**	**kré**mo za **sonn**tchénie
dentifrice	**zobno pasto**	**zob**no **pass**to
journal français/canadien	**časopis francosko/kanadsko**	tchaso**piss** fran**tso**sko/ka**nad**sko
piles	**baterije**	baté**ri**yai
savon/shampooing	**milo/šhampon**	**mi**lo/shamm**ponn**
un demi-kilo de pommes	**pol kilograma jabolk**	pow kilo**gra**ma **ya**bowk
un litre de lait	**liter mleka**	**li**terr **mlé**ka
Je voudrais une pellicule … pour cet appareil.	**Rad(a) bi … film za ta fotoaparat.**	radd (**ra**da) bi … filmm za ta **fo**to-apa**ratt**
en noir et blanc	**črno-bel**	**tcherr**no**bew**
en couleurs	**barvni**	**barr**vni
Une coupe de cheveux, s'il vous plaît.	**Rad(a) bi se ostrigel (ostrigla).**	radd (**ra**da) bi sai oss**tri**guew (oss**trig**la)

Souvenirs *Spominki*

idrijska čipka	**i**driyska **tchip**ka	dentelles d'Idrija
kristalna posoda	kri**stal**na po**so**da	cristal
lectovo srce	**lets**tovo serr**tsé**	cœur en pain d'épices
lončena posoda	lonn**tché**na po**so**da	faïence
tirolski klobuk	ti**roll**ski klo**bouk**	chapeau tirolien
vezenine	vézé**ni**nai	broderie

À la banque *V banki*

Où est la banque/le bureau de change le/la plus proche?	**Kje je najbližja banka/ menjalnica?**	kier yai naïe**blige**ya **bann**ka/ menn**yal**nitsa
Je voudrais changer des francs en des tolars.	**Rad(a) bi zamenjal(a) franke v tolarje.**	radd (**ra**da) bi za**menn**yaw(-yala) **fran**ke v **to**larier
Quel est le cours du change?	**Kakšen je tečaj?**	**kak**shenn yai té**tchaï**e

À la poste *Na pošti*

Je voudrais envoyer ceci … par avion/exprès	**To bi rad(a) poslal(a) … letalsko/ekssprays**	to bi radd (**ra**da) pos**law** (pos**la**la) lé**tal**sko/eks**press**
Je voudrais des timbres à … tolars.	**Rad(a) be znamke za … tolarjev.**	radd (**ra**da) bi **znamm**kai za … **to**laryew
Quel est le tarif d'une lettre pour France?	**Kolikšna je poštnina za pismo za Francio?**	**ko**likshna yai posh**tni**na za **pis**mo za **fran**tsio
Y a-t-il du courrier pour moi? Je m'appelle …	**Ali je kaj pošte zame? Ime mi je …**	**a**li yai kaïe **posh**te **za**mè. i**mé** mi yai
Puis-je envoyer un télégramme/téléfax?	**Ali lahko pošljem telegram/faksimile?**	ali la**'hko posh**lyemm télé**gramm**/fak**si**milai

Téléphone *Telefoniranje*

Où se trouve le téléphone public le plus proche?	**Kje je najbližja telefonska go vorilnica?**	kier yai naïe**blige**ya télé**fonn**ska govo**ril**nitsa
Puis-je utiliser votre téléphone?	**Ali smem uporabiti vaš telefon?**	**a**li smemm oupo**ra**biti vash télé**fonn**
Allo. C'est …	**Halo. … pri telefonu.**	'ha**lo** … pri télé**fo**nou
Je désire parler à…	**Rad(a) bi govoril(a) z …**	radd (**ra**da) bi go**vo**riw (govo**ri**la) z
Quand sera-t-il/elle de retour?	**Kdaj se bo vrnil/vrnila?**	kdaïe sai bo **verr**niw/verr**ni**la
Veuillez lui dire que j'ai appelé.	**Bi mu/ji povedali, da sem klical(a)?**	bi mou/yi po**vé**dali da semm **kli**tsaw (-tsala)

L'heure et la date *Ura in datumi*

Il est …	**Je …**	yai
une heure cinq	**pet čez eno**	pett tchezz **è**no
trois heures et quart	**četrt čez tri**	tché**terrtt** tchezz tri
cinq heures vingt	**dvajset čez pet**	**dvaïe**sett tchezz pett
sept heures et demie	**pol osmih**	pow **oss**mi'h
neuf heures moins vingt-cinq	**pet čez pol devetih**	pett tchezz pow dé**vé**ti'h

CHIFFRES, voir page 173

dix heures moins dix	**deset do desetih**	dé**sett** do dé**sé**ti'h
midi/minuit	**poldne/polnoč**	**pow**dnai/**pow**notch
le matin/le soir	**zjutraj/zvečer**	**zyou**traie/zvé**tcherr**
la nuit	**ponoči**	po**no**tchi
hier/aujourd'hui	**včeraj/danes**	**wtché**raïe/**da**ness
demain	**jutri**	**you**tri

lundi	**ponedeljek**	poné**del**yek
mardi	**torek**	**to**rek
mercredi	**sreda**	**sré**eda
jeudi	**četrtek**	tché**terr**tek
vendredi	**petek**	**pé**tek
samedi	**sobota**	so**bo**ta
dimanche	**nedelja**	né**dé**lya
janvier	**januar**	**ya**nouarr
février	**februar**	**fé**brouarr
mars	**marec**	**ma**rets
avril	**april**	a**pril**
mai	**maj**	maïe
juin	**junij**	**you**niye
juillet	**julij**	**you**liye
août	**avgust**	aw**goustt**
septembre	**september**	sep**temm**berr
octobre	**oktober**	ok**to**berr
novembre	**november**	no**vemm**berr
décembre	**december**	dé**tsemm**berr

Chiffres *Števila*

0	**nič**	nitch	11	**enajst**	è**naïst**
1	**ena**	**è**na	12	**dvanajst**	dva**naïst**
2	**dva**	dva	13	**trinajst**	tri**naïst**
3	**tri**	tri	14	**štirinajst**	shtiri**naïst**
4	**štiri**	**shti**ri	15	**petnajst**	pet**naïst**
5	**pet**	pett	16	**šestnajst**	shest**naïst**
6	**šest**	shest	17	**sedemnajst**	sédemm**naïst**
7	**sedem**	**sé**demm	18	**osemnajst**	osemm**naïst**
8	**osem**	**o**semm	19	**devetnajst**	dévet**naïst**
9	**devet**	dé**vett**	20	**dvajset**	**dvaïe**sett
10	**deset**	dé**sett**	21	**dvajset ena**	**dvaie**sett **è**na

30	**trideset**	**tri**désett
40	**štirideset**	**shti**ridésett
50	**petdeset**	**pett**désett
60	**šestdeset**	**shest**désett
70	**sedemdeset**	**sé**demmdésett
80	**osemdeset**	**o**semmdésett
90	**devetdeset**	dé**vett**désett
100/1000	**sto/tisoč**	sto/**ti**sotch
premier/deuxième	**prvi/drugi**	**perr**vi/**drou**gui
une fois/deux fois	**enkrat/dvakrat**	**enn**kratt/**dva**kratt
une moitié/un quart	**polovica/četrt**	polo**vi**tsa/tché**terrtt**

Urgences *V sili*

Appelez la police	**Pokličite policijo**	po**kli**tchitai poli**tsi**yo
Appelez un médecin	**Pokličite zdravnika**	po**kli**tchitai zdraw**ni**ka
AU SECOURS	**NA POMOČ**	na po**motch**
Je suis malade	**Bolan (bolna) sem**	bo**lann** (**bow**na) semm
Je me suis perdu(e)	**Zgubil(a) sem se**	zgou**biw** (zgou**bi**la) semm sai
Laissez-moi tranquille	**Pustite me pri miru**	pous**ti**tai mai pri **mi**rou
AU VOLEUR	**PRIMITE TATU**	**pri**mitai ta**tou**
On m'a volé …	**Ukradli so mi …**	ou**kradd**li so mi
J'ai perdu …	**Zgubil(a) sem …**	zgou**biw** (zgou**bi**la) semm
bagages/passeport	**prtljago/potni list**	perrt**lya**go/**pott**ni listt
portefeuille/sac à main	**denarnico/torbico**	dé**narr**nitso/**torr**bitso
Où puis-je trouver un médecin qui parle français?	**Kje lahko dobim zdravnika, ki govori francosko?**	kier la'**hko** do**bimm** zdraw**ni**ka ki govo**ri** fran**tso**sko

Guide de prononciation slovène

Consonnes

Lettre	Prononciation approximative	Symbole	Exemple	
b	1) comme **b** dans ro**b**e	b	**blizu**	**bli**zou
	2) comme **p** dans **p**ot	p	**slabše**	**slap**shai
c	comme **ts** dans **ts**ar	ts	**cesta**	**tsé**sta

TÉLÉPHONE, voir page 172

č	comme **tch** dans **tch**èque	tch	**čas**	tchass
d	comme **t** dans cô**t**e	t, tt	**kod**	kott
g	1) comme **k** dans **k**ilo	k	**jastog**	**yas**tok
	2) comme **g** dans **g**uerre	g	**gora**	**go**ra
h	**h** aspiré comme dans **h**ache	’h	**hisa**	’h**i**sha
j	1) comme **y** dans **y**oga	y	**jutro**	**you**tro
	2) comme **ier** dans dern**ier**	ier	**kje**	kier
	3) comme **aille** dans vol**aille**	ïe	**kdaj**	kdaïe
l	1) comme **w** dans **w**eek-end	w	**dolgo**	**dow**go
	2) comme **l** normal	l	**leto**	**lé**to
lj	1) à la fin d’une syllabe, comme **lieu** dans Beau**lieu**	lye	**bolj**	bolye
	2) suivi par une autre voyelle, comme **lier** dans bé**lier**	lier	**žemlje**	**gemm**lier
nj	comme **gn** dans champa**gn**e	gn	**nanj**	nagn
r	**r** roulé	r	**ruta**	**rou**ta
š	comme **sh** dans Sa**sh**a	sh	**hiša**	**’hi**sha
v	1) comme **w** dans **w**eek-end	w	**hvala**	**’hwa**la
	2) comme **ou** dans ch**ou**	ou	**črv**	tchrou
	3) comme **v** dans **v**ous	v	**vino**	**vi**no
ž	comme **j** dans **j**our	j	**želim**	**je**lim

f, k, m, n, p, s, t, z se prononcent comme en français

Voyelles

a	comme **a** dans ch**a**que	a	**pas**	pas
e	1) comme **é** dans **é**tal	é	**leto**	**lé**to
	2) comme **è** dans g**è**le	è	**bes**	bès
	3) comme **ê** dans t**ê**te	ê	**zeleno**	zel**ê**no
	4) comme **e** normal	e	**sine**	**si**ne
i	comme **i** dans s**i**	i	**sine**	**si**ne
o	comme **o** dans p**o**ste	o	**ob**	ob
u	comme **ou** dans ch**ou**	ou	**puç**	poutch

Tchèque

Expressions courantes *Všeobecné výrazy*

Oui/Non.	**Ano/Ne.**	anno/nè
S'il vous plaît.	**Prosím.**	**pro**ssiim
Merci.	**Děkuji.**	**dyè**kou-yi
Pardon?	**Promiňte.**	**pro**migntè

Présentations *Představání*

Bonjour (matin).	**Dobré ráno.**	**do**brêê **raa**nno
Bonjour (après-midi).	**Dobré odpoledne.**	**do**brêê **ot**polèdnè
Bonne nuit.	**Dobrou noc.**	**do**bro-ou nots
Au revoir.	**Nashledanou.**	**nass**-KHlèdanno-ou
Je m'appelle …	**Jmenuji se …**	mènou-yi ssè
Comment vous appelez-vous?	**Jak se jmenujete?**	yak ssè mènou-yètè
Comment allez-vous?	**Jak se máte?**	yak ssè **maa**tè
Très bien, merci.	**Děkuji dobře.**	**dyè**kou-yi **do**brchè.
Et vous?	**A Vy?**	a vi
D'où êtes-vous?	**Odkud jste?**	**ot**kout sstè
Je viens de la/du …	**Já jsem …**	yaa ssèm
Belgique	**z Belgie**	z **bel**giyè
Canada	**z Kanadě**	z **kan**nada
France	**z Francie**	z **frann**tsiyè
Suisse	**z Švýcarsko**	z **chvêê**tssko
Êtes-vous seul(e) ici?	**Jste tady sám?**	sste **ta**di ssam
Je suis avec …	**Já jsem s …**	yaa ssèm ss
femme	**svou ženou**	ssvo-ou **jè**nno-ou
mari	**svým manželem**	ssviim **mann**jèlèm
famille	**svou rodinou**	ssvmou **ro**dyinno-ou
ami	**svým mládencem**	ssviim **mlaa**dènncèm
amie	**svou dívkou**	ssvo-ou **dy**iifko-ou
Je suis en voyage d'affaires/ en vacances.	**Já jsem tady služebně/ na dovolené.**	yaa ssèm **ta**di **sslou**jèbgnè/ **na**dovolènnêê

GUIDE DE PRONONCIATION, voir page 190/URGENCES, voir page 189

Questions *Otázky*

Quand?/Comment?	**Kdy?/Jak?**	gdi/yak
Quoi?/Pourquoi?	**Co?/Proč?**	tso/ptotch
Qui?/Lequel?	**Kdo?/Který?**	gdo/**ktè**rii
Où se trouve/ent …?	**Kde je/jsou …?**	gdè yè/**sso**-ou
Où puis-je trouver …?	**Kde bych našel (a)/dostal(a) …?**	gdè biKH **na**chèl (nachla)/**do**stal(a)
À quelle distance?	**Jak daleko?**	yak **da**lèko
Combien de temps?	**Jak dlouho?**	yak **dlo**-ou-ho
Combien?	**Kolik?**	**ko**lik
Puis-je avoir …?	**Mohl(a) bych dostat …?**	**moh**^{ou}l (**mo**-hl) biKH **do**sstat
Pouvez-vous m'aider?	**Mohl[a] byste mi pomoci?**	**moh**^{ou}l [**mo**-hla] **bi**sstè mi **po**motsi
Je comprends.	**Rozumím.**	**ro**zoumiim
Je ne comprends pas.	**Nerozumím.**	**nè**rozoumiim
Pouvez-vous me traduire ceci?	**Mohl[a] byste to pro mne přeložit?**	**moh**^{ou}l [**mo**-hla] **bi**sstè to pro mé **prchè**lojit
Parlez-vous français?	**Mluvíte francouszsky?**	**mlou**viitè **fra**nntso-ouski
Je ne parle pas (bien) tchèque.	**Já nemluvím (moc) český.**	yaa **nè**mlouviim (mots) **tchè**sski

Autres mots utiles *Další užitečnáslova*

bon/mauvais	**dobré/špatné**	**do**brêê/**chpat**nêê
bon marché/cher	**laciné/drahé**	**lat**sinnêê/**dra**-hêê
chaud/froid	**horké/studené**	**hor**kêê/**sstoud**ènnêê
grand/petit	**velké/malé**	**vèl**kêê/**mal**êê
juste/faux	**správné/špatné**	**sspraav**nêê/**chpat**nêê
libre/occupé	**volné/obsazené**	**voln**êê/**op**ssazènnêê
meilleur/pire	**lepší/horší**	**lèp**chii/**hor**-chii
près/loin	**daleko/blízko**	**da**lèko/**bliiss**ko
tôt/tard	**brzo/pozdě**	**b**^{ou}**r**zo/**poz**dyè

Hôtel *Hotel*

J'ai fait réserver.	**Mám reservaci.**	maam **re**zervatsi
Avez-vous des chambres disponibles?	**Máte volný pokoj?**	**maa**tè **vol**nii **po**koy
Je voudrais une chambre …	**Chtěl(a) bych …**	KHtyèl(a) biKH
pour une personne	**jednolůžkový pokoj**	**yè**dnoloûchkovii **po**koy
pour deux personnes	**dvoulůžkový pokoj**	**dvo**-ouloûchkovii **po**koy
avec des lits jumeaux	**se dvěma postelemi**	**ssè**dvyèma **po**stèlèmi
avec un grand lit	**se dvojitou postelí**	**ssè**dvo-yito-ou **po**sstèlii
avec salle de bains	**s koupelnou**	**ssko**-oupèlno-ou
avec douche	**se sprchou**	**ssè**ssp^{ou}rKHo-ou
Nous resterons …	**Zůstaneme …**	**zoû**stannèmè
une nuit seulement	**na jednu noc**	**na**yèdnou noc
quelques jours	**několik dnů**	**gnè**kolik dnoû
une semaine	**týden**	**tii**dènn

Décision *Rozhodnutí*

Puis-je voir la chambre?	**Mohl(a) bych se podívat na ten pokoj?**	**moh**^{ou}l (**mo**-hla) biKH ssè **po**dyiivat natènn **po**koy
D'accord. Je la prends.	**To je v pořadku. Já si ho vezmu.**	to yè **fpor**chaatku. yaa ssi ho **vez**mou
Non, elle ne me plaît pas.	**Mně se nelíbí.**	mgnè ssè **nè**liibii
Elle est trop…	**Je moc …**	yè moc
bruyante	**hlučný**	**hloutch**nii
petite/sombre	**malý/tmavý**	**ma**lii/**tma**vii
Avez-vous quelque chose de …?	**Máte něco …?**	**maa**tè **gnè**tso
meilleur/plus grand	**lepšího/většího**	**lèp**chiiho/**vyèt**chiiho
moins cher	**lacinějšího**	**lat**signèychiiho
plus tranquille	**tiššiho**	**tyich**iiho
Puis-je avoir ma note, s'il vous plaît?	**Prosím účet.**	**pros**siim **oû**tchèt
Le séjour a été très agréable.	**Moc se nám tady líbilo.**	mots ssè naam **ta**di **lii**bilo

CHIFFRES, voir page 189

Restaurant *Restaurace*

Je voudrais réserver une table pour 4 personnes.	**Chci si zamluvit stůl pro 4.**	KHtsi ssi **za**mlouvit sstoûl pro **tchtir**chi
Nous viendrons à 8 heures.	**Přijdeme v 8 hodin.**	**prchii**dèmè f ossoum **ho**dyinn
Je voudrais le petit déjeuner/le déjeuner/ le dîner.	**Prosil(a) bych snídani/oběd/ večeři.**	**pro**ssila biKH **ssgnii**dagnè/**o**byèt/ **vè**tchèrschè
Que me recommandez-vous?	**Co doporučujete?**	tso **do**poroutchiitè
Avez-vous des plats végétariens?	**Máte bezmasá jídla?**	**maa**tè **bè**zmassaa **yii**dla

Petit déjeuner *Snídaně*

Pourrais-je avoir…?	**Chtěl(a) bych …**	KHtyèl(a) biKH
beurre/confiture	**máslo/džem**	**maa**sslo/djèm
œufs	**vejce**	**vè**ytse
œufs au jambon	**šunku s vajíčkem**	**chounn**kou **ssva**yiitchkèm
pain/petits pains	**chleba/rohlíky**	KH**lè**ba/**ro**-hliiki

Hors-d'œuvre *Předkrmy*

chut'ovky	KH**ut**yovki	entremet
obložené chlebvíčky	**ob**lojènnêê KH**lè**biitchki	croque-monsieur
pražská šunka	**prachss**kêê **chounn**ka	jambon de Prague

Viande *Maso*

Je voudrais …	**Chtěl(a) bych …**	KHtyèl(a) biKH
agneau/bœuf	**jehněčí/hovězí**	**yè**-hgnètchii/**ho**vyèzii
canard/porc	**kachní/vepřové**	**ka**KHna/**vè**prchovêê
poulet/veau	**kuřé/telecí**	**kour**chè/**tè**lètsii
čevapčiči	**tchè**vaptchitchi	boulettes de viande
roštěnky na pivě	**roch**tyènnki **na**pivyè	carbonade
smažene karbanátky	**ssma**jènnêê **kar**bannaatki	steaks hachés grillés

CHIFFRES, voir page 189/HEURES, voir page 188

zajíc na smetaně	**za**yiits **nass**mètagnè	lièvre à la crème
živáňská	**ji**vaannsska	brochette slovaque grillée

au four/bouilli	**pečené/vařené**	**pè**tchènnêê/**var**chènêê
en ragoût	**dušené**	**dou**chènnêê
frit	**smažené**	**ssma**jènnêê
grillé	**grilované**	**gri**lovannêê
rôti	**pečeně**	**pè**tchègnè
saignant	**lehce udělané**	**lè**KHtsè oudyèlannêê
à point	**středně udělané**	**sstrchèd**gnè **ou**dyèlannêê
bien cuit	**dobře udělané**	**do**brchè **ou**dyèlannêê

Légumes et salades *Zelenina a saláty*

carottes	**mrkev**	**m^{ou}r**kèf
champignons	**houby**	**ho**-oubi
chou	**zelí**	**zè**lii
haricots verts	**fazole**	**fa**zolè
laitue	**salát**	**ssa**laat
oignons	**cibule**	**tsi**boulè
pommes de terre	**brambory**	**bram**bori
tomates	**rajská jablíčka**	**ra**uskaa yabliitchka
bramborák	**bram**boraak	galettes de pommes de terre crus
hlávkový salát	**hlaaf**kovii ssalaat	salade verte
plněné papriky	**p^{ou}l**gnènnêê **pa**priki	poivrons farcis
škubánky s mákem	**chkou**baannki **ssmaa**kèm	boulettes de pommes de terre

Fruits et desserts *Ovoce a moučníky*

cerises	**třešně**	**trchè**chgnè
citron	**citrón**	**tsi**traunn
fraises	**jahody**	**ya**-hodi
orange	**pomeranč**	**po**mèranntch

pêche	**broskev**	**bro**sskèf
poire	**hruška**	**hrouch**ka
pomme	**jablko**	**yab**^{ou}lko
prunes	**švestky**	**chvèsst**ki
dort	dort	gâteau à la crème
třešňová bublanina	**trchèch**gnovaa **bu**blagninna	petits gâteaux avec des cerises
meruňkové knedlíky	**me**rougnkova **knèd**liiki	boulettes à l'abricot
zmrzlina	**zm**^{ou}**r**zlinna	glace

Boissons *Napoje*

bière	**pivo**	**pi**vo
café	**kávu**	**kaa**vou
noir/au lait	**černou/s mlékem**	**cer**nou/s **mlêê**kèm
chocolat (chaud)	**(horkou) čokoládu**	**ka**kao
eau minérale	**minerálka**	**mi**nnèraalka
jus de fruits	**ovocná šťáva**	**o**votsnaa **chtyaa**va
lait	**mléko**	**mlêê**ko
liqueur de prune	**slivovice**	**ssli**vovitsè
sucre	**cukr**	**couk**^{ou}r
thé	**čaj**	tchayè
vin	**víno**	**vii**nna
blanc/rouge	**bílé/červené**	**bii**lêê/**tchèr**vènnêê

Réclamations—L'addition *Stížnosti—Účet*

C'est trop … amer/sucré.	**Tohle je moc … hořké/sladké**	**to**-hlè yè mots **horch**kêê/**sslat**kêê
Ce n'est pas ce que j'ai commandé.	**To jsem si neobjednal(a).**	to ssèm ssi **nè**obyèdnal(a)
L'addition, s.v.p.	**Prosím účet.**	**pro**ssim **oû**tchèt
Je crois qu'il y a une erreur dans l'addition.	**V tom účtu je asi chyba.**	ftom **oû**tchtou yè **a**ssi **KHi**ba
Est-ce que tout est compris?	**Je v tom všechno?**	yè ftom **fchèKH**no
C'était très bon, merci.	**Moc nám to chutnalo, děkujeme.**	mots naam to **KHout**nalo **dyè**kou-yèmè

CHIFFRES, voir page 189

Excursions *Cestování*

Avion *Letadlo*

Y a-t-il un vol pour Prague?	**Je možné letět do Prahy?**	è **mojnêê lè**tyèt do **pra**-hi
À quelle heure est l'enregistrement?	**Kdy se musíme odbavit?**	gdi ssè **mou**ssiime **o**dbavit
Je voudrais … ma réservation.	**Chtěl(a) bych … mou reservaci.**	KHtyèl(a) biKH … mo-ou **rè**zèrvaci
annuler/changer	**zrušit/změnit**	**zrou**chit/**zmyè**gnit
confirmer	**potvrdit**	**po**tv^{ou}rdyit

Train *Vlak*

Je voudrais un billet pour Cheb.	**Chtěl(a) bych jízdenku do Chebu.**	KHtyèl(a) biKH **yiiz**dènnkou **do**KHèbou
aller simple	**jedním směrem**	**yèd**gniim **ssmy**èrèm
aller-retour	**zpáteční**	**sspaa**tètchgnii
première/ deuxième classe	**první/ druhou třídu**	**p^{ou}**vgnii/ **drou**-ho-ou **trchii**dou
Combien de temps dure le trajet?	**Jak dlouho ta cesta trva?**	yak **dlo**-ou-ho ta **cè**ssta **t^{ou}**rvaa
Quand part le … train pour Pilsen?	**Kdy jede … vlak do Plzně?**	gdi **yè**dè … vlak **do**p^{ou}lzgnè
premier	**první**	**p^{ou}rv**gnii
dernier	**poslední**	**po**sslèdgnii
prochain	**příští**	**prchii**chtyii
C'est bien le train pour Breclav, n'est-ce pas?	**Je tohle vlak do Břeclavi?**	yè to-hlè vlak **do**brchèclavi

Bus—Tram *Autobus—Tramvaj*

Quel bus va au centre-ville?	**Která autobus jede do centra?**	**kt**èraa **aou**tobouss **y**èdè **do**tsènntra
Pourriez-vous me dire quand je dois descendre?	**Řekněte mi kdy mám vystoupit?**	**rchè**knète mi gdi maam **vi**ssto-oupit

Taxi *Taxi*

Quel est le tarif pour …?	**Kolik to stojído ...**	**ko**lik to **sto**yii do

HEURES, voir page 188/CHIFFRES, voir page 189

Conduisez-moi à cette adresse.	**Zavezte mne na tuto adresu.**	**za**vèsstè mnè **na**touto **a**dressou
Arrêtez-vous ici, s'il vous plaît.	**Zastavte tady prosím.**	**za**sstaftè **ta**di **pro**ssiim
Pourriez-vous m'attendre?	**Mohl byste na mne počkat?**	**moh**^{ou}l **bi**sstè **na**mnè **potch**kat

Location de voitures *Půjčovna auto*

Je voudrais louer une voiture.	**Rád(a) bych si pronajmul auto.**	**raa**d(a) biKH ssi **pro**nnaymoul aouto
Je la voudrais pour un jour/une semaine.	**Chci ho na jeden den/na týden.**	KHtsi ho na **yè**dènn dènn/**na**tiidènn
Où est la station-service la plus proche?	**Kde je nejbližší benzinová pumpa?**	gdè yè **nè**yblichii **bè**nnzinnovaa **pou**mpa
Le plein, s'il vous plaît.	**Prosím, plnou nádrž.**	**pro**ssiim **p**^{ou}**l**no-ou **naa**d^{ou}rch
Donnez-moi … litres d'essence.	**Dejte mi … litrů benzinu.**	**dè**ytè mi … **li**troû **bènn**zinnou
Comment-puis-je aller à …?	**Jak se dostanu do …?**	yak ssè **do**sstannou do
Je suis tombé en panne à …	**Mně se porouchalo auto ve …**	mgnè ssè **po**ro-ouKHalo **aou**to ve
Pouvez-vous envoyer un mécanicien?	**Můžete mi poslat mechanika?**	**moû**jètè mi **po**sslat **mè**KHannika
Pourriez-vous réparer ce pneu?	**Můžete spravit tuhle píchlou duši?**	**moû**jètè **sspra**vit **tou**-hlè **pii**KH**l**o-ou **dou**chi

Vous êtes sur la mauvaise route.	**Vy jste na špatné silnici.**
Allez tout droit.	**Jeďte/běžte rovně.**
C'est là-bas à …	**To je tam dole po**
gauche/droite	**levé/pravé straně.**
en face de/derrière …	**naproti/za …**
à côté de/au-delà de …	**vedle/po …**
au nord/au sud/ à l'est/à l'ouest	**na sever/na jih/ na západ/na východ**

URGENCES, voir page 189

Visites touristiques *Prohlížené pa mátek*

Où se trouve le syndicat d'initiative?	**Kde jsou turistické informace?**	gdè **sso**-ou **tour**isstitskêê **inn**formacè
Y a-t-il un guide qui parle français?	**Je tam francouzsky mluvící průvodce?**	yè tam **frann**tso-ousski **mlou**viitsii **proû**votcè
Où se trouve/ent …?	**Kde je/jsou …?**	gdè yè/sso-ou
centre (de la ville)	**městské centrum**	**myèsst**sskêê **cènn**trum
château	**zámek**	**zaa**mèk
église	**kostel**	**koss**tèl
jardins botaniques	**botanická zahrada**	**bot**annitskaa **zah**rada
marché	**trh**	t^{ou}rKH
musée	**muzeum**	**mu**zèum
place	**náměstí**	**naa**myèsstyii
tour	**věž**	vyèch
Quelles sont les heures d'ouverture?	**Jakáje otevírací doba?**	**ya**kaa yè **o**tèviiracii doba
À quelle heure ferme-t-il?	**V kolik se zavírá?**	**fko**lik ssè **za**viiraa
Combien coûte l'entrée?	**Kolik stojí vstup?**	**ko**lik **ssto**yii fsstoup

Divertissements *Zábava*

Que joue-t-on au Théâtre …?	**Co dávají dnes v … divadle?**	tso **daa**vayii dnèss v … **dyi**vadlè
Y a-t-il des places pour mardi?	**Máte nějaké lístky na vúterý?**	**maa**tè **gnè**yakêê **lii**stki na **voû**tèrii
Voulez-vous sortir avec moi ce soir?	**Mohl(a) bych se večer sejít?**	**mo**-hli (**mo**-hla) biKH ssè **vè**tchèr **ssè**yiit
Y a-t-il une discothèque en ville?	**Je někde ve městě diskotéka?**	yè **gnè**gdè **vmyè**sstyè **di**sskotêêka
Voulez-vous danser?	**Chtěl[a] byste si zatančit?**	KHtyèl[a] **bi**sstè ssi **za**tanntchit
Merci, j'ai passé une merveilleuse soirée.	**Děkuji za krásný večer.**	**dyè**kou-yi **za**kraassnii **vè**tchèr

JOURS DE LA SEMAINE, voir page 188/CHIFFRES, voir page 189

Magasins et services *Obchody a služby*

Où est ... le/la plus proche?	**Kde je nejbližší ...?**	gdè yè **nè**yblichii
boulangerie	**pekařství**	**pè**karchstvii
bureau de poste	**pošta**	**po**chta
dentiste	**zubař**	**zou**barch
épicierie	**potraviny**	**po**travinni
grand magasin	**obchodní dům**	**o**pKHodgnii **doûm**
librairie	**knihkupectví**	**kgnik**Hkoupètstvii
magasin de souvenirs	**souvenýry**	**sou**vènniiri
marchand de journaux	**novinový stánek**	**no**vinnovii sstaannèk
pharmacie	**lékárna**	**lêê**kaarna
supermarché	**samoobsluha**	**ssa**mo-opsslou-ha
toilettes	**toalety**	**to**aleti

Expressions générales *Všeobecné dotazy*

Où se trouve le quartier commerçant?	**Kde je hlavní obchodní centrum?**	gdè yè **hlav**gnii opchodgnii **tsènn**trum
Avez-vous ...?	**Máte nějaké ...?**	**maa**tè **gnè**yakêê
N'auriez-vous pas quelque chose de ...?	**Nemáte něco ...?**	**nè**maatè **gnè**tso
mieux	**lepšího**	**lè**pchii-hó
moins cher	**lacinějšího**	**la**cignèychii-ho
plus grand/plus petit	**většího/menšího**	**vyè**tchii/**mènn**chii
Puis-je l'essayer?	**Můžu si to zkusit?**	**moû**jou ssi to **sskou**ssit
Combien coûte ceci?	**Kolik to stojí?**	**ko**lik to **ssto**yii
Pourriez-vous l'écrire, s'il vous plaît?	**Mohl[a] byste to napsat?**	**moh**oul [**mo**-hla] **biss**tè to **na**pssat
Je ne veux pas dépenser plus de ... koruna.	**Nechci platit víc než ... korun.**	**nè**KHci **pla**tyit **vii**ts nèj ... **ko**rounn
Non, cela ne me plaît pas.	**Ne děkuji, mně se to nelíbí.**	nè **dyè**kou-yi mgnè ssè to **nè**liibii
Je le prends.	**Já si to vezmu.**	yaa ssi to **vè**zmou
Acceptez-vous les cartes de crédit?	**Je možné platit úvěrovou kartou?**	yè **mo**jnêê **pla**tyit **oû**vyèrovo-ou **kar**to-ou

CHIFFRES, voir page 189

blanc	**bílý**	**bii**lii	orange	**oranžový**	orannjovii
bleu	**modrý**	**mo**drii	rouge	**červený**	**tchèr**vènnii
brun	**hnědý**	**hgnè**dii	vert	**zelený**	**zè**lènnii
jaune	**žlutý**	**jlou**tii	… clair	**světlý**	**svyèt**lii
noir	**černý**	**tchèr**nii	… foncé	**tmavý**	**tma**vii

Je voudrais acheter …	**Já chci koupit …**	yaa ssi KHci **ko**-oupit
aspirine	**acylpirin**	**a**cilpirinn
carte postale	**pohlednici**	**po**-hlèdgnitsi
crème solaire	**krém na opalování**	krêêm na-**o**palovaagnii
dentifrice	**zubní pastu**	**zou**bgnii **pa**sstou
journal français	**noviny francouzské**	**no**vinni **fran**couzské
ouvre-bouteilles	**otvírač na láhve**	**o**tviiratch **na**laa-hvè
pain	**chleba**	**KHlè**ba
piles	**baterii**	**ba**tèriye
savon/shampooing	**mýdlo/šampón**	**mii**dlo/**cham**paunn
un demi-kilo de tomates	**půl kila rajských jablek**	poûl kila **ray**sskiiKH **ya**blèk
un litre de lait	**litr mléka**	litr **mlêê**ka
Je voudrais une pellicule pour cet appareil.	**Chtěl(a) bych film pro tento aparát.**	KHtyèl(a) biKH film pro **tè**nnto **a**paraat
en noir et blanc	**černo-bílý**	**tchèr**no-**bii**lii
en couleurs	**barevný**	**ba**rèvnii
Une coupe de cheveux, s'il vous plaît.	**Chci se nechat ostříhat.**	KHtsi ssè nèKHat **o**strchiihat

Souvenirs *Suvenýry*

kniha o umění	kgni-ha **o**-oumyègnii	livre d'art
krajka	**kray**ka	dentelle
křišt'alové sklo	**krchi**chtyalovêê ssklo	crystal
ruční práce	**rou**tchgnii **praa**tsè	objets d'artisanat
sklo	ssklo	verrerie
výšivka	**vii**chifka	broderie

À la banque *V bance*

Où est la banque/le bureau de change le/la plus proche?	**Kde je nejbližší banka/směnárna?**	gdè yè **nèy**blichii **ba**nnka/**smyè**nnaarna?
Je voudrais changer des francs.	**Chci si vyměnit nějaké franky.**	KHci ssi **vi**myègnit **gnè**yakêê **fran**ki
Je voudrais encaisser un chèque de voyage.	**Chci si vyměnit cestovní šek.**	KHci ssi **vi**myègnit **tsè**sstovgnii chèk
Quel est le cours du change?	**Jaký je dnes kurs?**	**ya**kii yè dnèss kourss

À la poste *Na poště*

Je voudrais envoyer ceci …	**Chci tohle poslat …**	KHci **to**-hlè **po**sslat
par avion	**leteckou poštou**	**lè**tècko-ou **poch**to-ou
par exprès	**expresem**	**èx**prèssèm
Un timbre à … koruna, s'il vous plaît.	**… korunovou známku, prosím.**	… **ko**rounnovo-ou **znaam**kou **pro**ssiim
Quel est le tarif d'une carte postale pour France?	**Kolik stojí pohled do Francie?**	**ko**lik **ssto**yii **po**-hlèt do **frannt**siyè
Y a-t-il du courrier pour moi?	**Je tu pro mne nějaká pošta?**	yè tou **pro**mgnè **gnè**yakaa **po**chta.
Je m'appelle …	**Jmenuji se …**	**mè**nnou-yi ssè

Téléphone *Používání telefonu*

Où est la prochaine cabine téléphonique?	**Kde je tady nejbližší telefonní budka?**	gdè yè **ta**di **nèy**blichii **tè**lèfognii **bou**tka
Puis-je utiliser votre téléphone?	**Můžu si od Vás zatelefonovat?**	**moû**jou ssi **od**vaas za**tè**lèfonnovat
Allo. C'est …	**Haló. Tady je …**	**ha**lau. **ta**di yè …
Je désire parler à…	**Mohl(a) bych mluvit s …**	**moh^{ou}l** (**mo**-hla) biKH **mlou**vit ss …
Quand sera-t-il/elle de retour?	**Kdy se vrátí?**	gdi ssè **vraa**tyii?
Veuillez lui dire que j'ai appelé.	**Mohl byste mu/jí říct, že jsem telefonoval?**	**moh^{ou}l** (**mo**-hla) **bi**sstè mou/jii rchiitst, jè ssèm **tè**lèfonoval

CHIFFRES, voir page 189

L'heure et la date *Datum a Čas*

Il est …	**Teď je …**	tèty yè
une heure cinq	**jedna a pět minut**	yèdna a pyèt **min**nout
trois heures et quart	**čtvrt na čtyři**	tchtv^{ou}rt na**tchtir**ch
quatre heures vingt	**za deset minut půl páté**	**za**dèssèt **min**nout poûl **paa**têê
six heures et demie	**půl sedmé**	poûl **ssèd**mêê
sept heures moins vingt-cinq	**za deset minut tři čtvrtě na sedm**	**za**dèssèt **min**nout trchi **tchtv^{ou}r**tyè **na**ssèdoum
neuf heures moins le quart	**tři čtvrtě na devět**	trchi **tchtv^{ou}r**tyè **na**dèvyèt
le matin/l'après-midi/le soir	**ráno/odpoledne/večer**	**raa**nno/otpolèdnè/**vè**tchèr
hier/aujourd'hui	**včera/dnes**	**ftchè**ra/dnèss
demain	**zítra**	**zii**tra
printemps/été	**jaro/léto**	**ya**ro/**lêê**to
automne/hiver	**podzim/zima**	**po**dzim/zima

lundi	**pondělí**	**po**nndyèlii
mardi	**úterý**	**oû**tèrii
mercredi	**středa**	**sstrchè**da
jeudi	**čtvrtek**	**tchtv^{ou}rt**èk
vendredi	**pátek**	**paa**tèk
samedi	**sobota**	**sso**bota
dimanche	**neděle**	**nè**dyèlè
janvier	**Leden**	**lè**dènn
février	**Únor**	**oû**nor
mars	**Březen**	**brchè**zènn
avril	**Duben**	**dou**bènn
mai	**Květen**	**kvyè**tènn
juin	**Červen**	**tchèr**vènn
juillet	**Červenec**	**tchèr**vènnèc
août	**Srpen**	**ss^{ou}r**pènn
septembre	**Září**	**zaar**chii
octobre	**Říjen**	**rchii**yènn
novembre	**Listopad**	**li**sstopat
décembre	**Prosinec**	**pro**ssinnèc

Chiffres *Čísla*

0	**nula**	**nou**la	11	**jedenáct**	**yè**dènaatst
1	**jedna**	**yè**dna	12	**dvanáct**	**dva**naatst
2	**dvě**	dvyè	13	**třináct**	**trchi**naatst
3	**tři**	trchi	14	**čtrnáct**	**tcht**^{ou}**r**naatst
4	**čtyři**	**tchtir**chi	15	**patnáct**	**pat**naatst
5	**pět**	pyèt	16	**šestnáct**	**chèsst**naatst
6	**šest**	chèsst	17	**sedmnáct**	**ssè**doumnaatst
7	**sedm**	**ssè**doum	18	**osmnáct**	**o**ssoumnaatst
8	**osm**	**o**ssoum	19	**devatenáct**	**dè**vatènaatst
9	**devět**	**dè**vyèt	20	**dvacet**	**dvat**sèt
10	**deset**	**dè**ssèt	21	**dvacet jedna**	**dvat**sèt yèdna

30	**třicet**	**trchi**tsèt
40	**čtyřicet**	**tchtir**chitsèt
50	**padesát**	**pa**dèssaat
60	**šedesát**	**chè**dèssaat
70	**sedmdesát**	**ssè**doumdèssaat
80	**osmdesát**	**o**ssoumdèssaat
90	**devadesát**	**dè**vadèssaat
100/1000	**sto/tisíc**	ssto/**tyi**ssiits
premier/deuxième	**první/druhý**	**p**^{ou}**r**vgnii/**drou**-hii
une fois/deux fois	**jednou/dvakrát**	**yè**dno-ou/**dva**kraat
une moitié	**půl**	poûl

Urgences *Pohotovost*

Appelez la police	**Zavolejte policii**	**za**volèytè **po**litsiyi
Appelez un médecin	**Zavolejte lékaře**	**za**volèytè **lêê**karchè
AU SECOURS	**POMOC**	**po**mots
Je suis malade	**Jsem nemocný (nemocna)**	ssèm **nè**motsnii (**nè**motsnaa)
Je me suis perdu(e)	**Zabloudil(a) jsem**	**za**blo-oudyil(a) ssèm
AU VOLEUR	**CHYŤTE ZLODĚJE**	**KHI**tytè **zlo**dyèyè
On m'a volé …	**Někdo mi ukradl …**	**gnè**gdo mi **ou**krad^{ou}l
J'ai perdu …	**Ztratil(a) jsem …**	**ssstra**tyil(a) ssèm
passeport/portefeuille	**pas/peněženku**	pass/**pè**gnèjènnkou
sac à main	**kabelku**	**ka**bèlkou

TÉLÉPHONE, voir page 187

Guide de prononciation tchèque

Le tchèque est une des langues les plus phonétiques d'Europe, et vous aurez peu de problèmes à le prononcer, dès lors que vous vous serez familiarisé avec les signes diacritiques: le *čárka* (´), le *kroužek* (°) et le *háček* (ˇ).

Consonnes

Lettre	Prononciation approximative	Symbole	Exemple	
h	au début d'un mot ou d'une syllabe, se prononce comme **h** dans **H**uel	h	**hora**	**hor**a
ch	se prononce tout au fond de la bouche, comme le **r** dans c**r**u	KH	**ruch**	rouKH
c	comme le premier son de **tz**ar	ts	**cena**	**tsen**na
č	comme **tch** dans **tch**èque	tch	**česky**	**tchès**skii
d'	comme **di** dans **Di**eu	dy	**d'es**	dyèss
g	comme **g** dans **g**are	g	**garda**	**gar**da
j	comme **y** dans **y**aourt	y	**jaro**	**ya**ro
ň	comme **gn** de ro**gn**on	gn	**daň**	dagn
r	se prononce avec la pointe de la langue	r	**rána**	**raa**nna
ř	un son spécifique à la langue tchèque, un peu comme un **r** et un **ch** prononcés simultanément, un peu comme la**rg**e	rch	**řsa**	**rchas**sa
s	comme **s** dans **s**alade, jamais comme **s** de rose	ss	**sebe**	**ssè**bè
s	comme **ch** de **ch**ou	ch	**sperk**	chpèrk
t'	comme **ty** de Ka**ty**a	ty	**stín**	sstyiin
z	comme **s** de ro**s**e	z	**zet'**	**zè**ty
ž	comme **j** dans **j**our	j	**žíla**	**jii**la

b, **d**, **f**, **g**, **k**, **l**, **m**, **n**, **p**, **t**, **v**, **a** se prononcent comme en français
À la fin d'un mot les consonnes **b**, **d**, **g**, **v**, **z**, **h** se prononcent respectivement **p**, **t**, **k**, **f**, **s**, **ch.**

Notes:

1) La lettre **ě**, ainsi que la lettre **i**, fait «mouiller» la consonne précedente. On arrive à un résultat analogue si on prononce un **y** très bref

(comme dans **y**oga) immédiatement après la consonne. Dans notre transcription, nous indiquerons cette «mouillure» par un **y** après la consonne.

2) Certaines consonnes normalement sonores doivent être prononcées comme des sourdes lorsqu'elles sont placées à la fin d'un mot ou devant une autre consonne sourde; ainsi **b** devient **p**, **d** devient **t**, **g** devient **k**, **z** devient **s**, **v** devient **f**, **h** devient **ch**, **ž** devient **š.**

3) Quelques consonnes sourdes, lorsqu'elles sont placées devant une voyelle sonore, deviennent sonores (**kde** se prononce *gdè*, **svatba** se prononce *svadba*).

Voyelles

Les voyelles tchèques peuvent être ou brèves (**a**, **e**, **i**, **o**, **u**, **y**) ou longues (**á**, **é**, **í**, **ó**, **ú**, **ů**, **ý**): l'accent aigu indique la longueur. Dans notre transcription, nous indiquerons les voyelles longues en les doublant.

a	comme **a** dans p**a**tte	a	**rak**	rak
á	comme **â** dans l'**â**me	aa	**rána**	**raan**a
e	comme **e** dans n**e**tte	è	**den**	dènn
é	comme **ê** dans bapt**ê**me	êê	**mléko**	**mlêê**ko
i	comme **i** dans **ici**	i	**pivo**	**pi**vo
í	comme **ie** dans Mar**ie**	ii	**bíly**	**biil**ii
o	comme **o** dans b**o**nne	o	**slovo**	**sslo**vo
ó	comme **au** dans ch**au**d	au	**gól**	gaul
u	comme **ou** dans s**ou**s	ou	**ruka**	**rouk**a
ú	comme **ou** dans tr**ou**	oû	**úkol**	**oûk**ol
ů	la même prononciation comme **ú**	oû	**vůz**	voûss
y	prononcé comme **i**	i	**byt**	bit
ý	prononcé comme **í**	ii	**bíly**	**biil**ii

Les consonnes **l** et **r** peuvent former des syllabes en qualité de demi-voyelles. Dans notre transcription nous indiquerons cette rôle par ^{ou}**l**, ^{ou}**r:** **vlk** v^{ou}k **krk** k^{ou}k

Diphtongues

au	(seulement dans les mots empruntés) se prononce **a-ou** (un **a** suivi d'un **ou**)	aou	**auto**	aouto
ou	comme la négation anglaise **no:** un **o** suivi immédiatement d'un **ou**	o-ou	**mouka**	mo-ouka

OSLO
HELSINKI
St Pétersbourg
STOCKHOLM
TALLINN
ESTONIE
Novgorod
Pskov
RUSSIE
RIGA
LETTONIE
MOSCOU
MER
BALTIQUE
LITUANIE
Kaunas
VILNIUS
Kaliningrad
Gdansk
MINSK
POLOGNE
BIÉLORUSSIE
Kursk
BERLIN
VARSOVIE
Brest
Łódź
Kharkov
KIEV
RÉPUBLIQUE
TCHÈQUE
Cracovie
UKRAINE
Lvov
Dniepr
PRAGUE
Brno
SLOVAQUIE
Dnepropetrovsk
BRATISLAVA
VIENNE
MOLDAVIE
CHISINAU
BUDAPEST
Odessa
SLOVÉNIE
HONGRIE
ROUMANIE
Timișoara
Brașov
Sébastopol
CROATIE
BUCAREST
SARAJEVO
BELGRADE
Constanța
Danube
Varna
MER
NOIRE
MER ADRIATIQUE
SOFIA
BULGARIE
Dubrovnik
Plovdiv
Istanboul
ALBANIE
SKOPJE
TIRANA
ANKARA